DAMPFGAREN VOM BABYBREI ZUR FAMILIENKOST

Ernährungswissenschafterinnen
Mag. Ingeborg Hanreich, IBCLC
Dipl. oec.troph. Britta Macho

1. Auflage

Hanreich
Lesen, was gut tut!

Ein herzliches Dankeschön ...

... an alle Mütter und Väter, die meinten, ein spezielles Kochbuch zum Thema Dampf-garen für Familien mit praktischer Anleitung wäre eine gute Idee, weil ihnen unsere „Rezepte und Tipps für Babys Beikost" schon viele neue Impulse gegeben haben.

... den vielen unterstützenden Händen, die immer wieder zeigen, dass wir auf sie zählen können: unserer Lektorin Mag. Elisabeth Illnar, unserer Grafikerin Gerlinde Cathrin Antolkovich, unseren Fotografen Karl „Charly" Grabherr und Andrea Jung-wirth sowie unseren Models Susanne Wagner und Max Scheibelauer.

... und allen anderen, denen wir unsere Anregungen und Rezeptideen verdanken.

Wichtiger Hinweis:

Die Empfehlungen dieses Buches entsprechen den aktuellen ernährungs- und haus-haltswissenschaftlichen Kenntnissen bei Fertigstellung des Werkes. Wissenschaft ist jedoch immer im Fluss! Dadurch entwickeln sich mitunter abweichende Meinun-gen. In Zweifelsfällen sprechen Sie bitte immer mit Ihrem Arzt.

Jede Leserin und jeder Leser ist für das eigene Tun und Lassen selbst verantwortlich. Weder Autorinnen noch Verlag können für eventuelle Nachteile oder Schäden, die aus Hinweisen in diesem Buch resultieren, eine Haftung übernehmen.

Noch ein Hinweis:

Bitte haben Sie Verständnis dafür, dass aus Platzgründen im Text nur von Ihrem Arzt gesprochen wird und dabei gedanklich auch Ihre Ärztin einbezogen ist, während die Bezeichnungen Stillberaterinnen, Mütter- und Väterberaterinnen, Ernährungswis-senschafterinnen und Diaetologinnen (Diätassistentinnen) verwendet werden, ohne die männlichen Kollegen ausschließen zu wollen.

Text:	Mag. Ingeborg Hanreich, IBCLC
	Dipl. oec.troph. Dipl. Päd. Britta Macho
Grafik und Layout:	Gerlinde Cathrin Antolkovich
Foto:	Karl Grabherr – www.karlgrabherr.at, Andrea Jungwirth – www.einfachgesagt.com
Film und Druck:	FINIDR, s.r.o., Tschechien

1. Auflage 2012 © by Verlag Ingeborg Hanreich, Wien

ISBN 978-3-901518-17-1

Verlag und Vertrieb: Mag. Ingeborg Hanreich
Esterhazygasse 7/2, A-1060 Wien | Tel.: (+43 1) 504 28 29-1 | Fax: (+43 1) 504 28 29-4
E-Mail: bestellung@hanreich-verlag.at | Internet: www.hanreich-verlag.at

Für dich, Gerlinde,
weil deine Initiative ausschlaggebend war
und unsere Freundschaft unter einem Baum begann ...

INHALT

Familienkost – voll Dampf voraus!

Immer mehr moderne Küchen sind mit einem Dampfgarer ausgestattet. In vielen weiteren werden Dampfdruck-kochtöpfe oder Dampfeinsätze verwendet. Doch diese schonende Variante des Garens wird schon seit vielen Jahrhunderten geschätzt.

Die heutigen Dampfgargeräte können noch einiges mehr als nur Gemüse zu dämpfen und ihr ganzes Repertoire lässt sich oft gar nicht ausschöpfen. Gerade am Anfang ist alles neu und erfordert eine gewisse Umstellung.

Mag. Ingeborg Hanreich, IBCLC
Ernährungswissenschafterin und Stillberaterin

Mit unserem Rezeptbuch möchten wir besonders Mütter und Väter, die Babybrei schonend zubereiten wollen, und jene, denen vitamin- und mineralstoffreiche Kinderkost am Herzen liegt, in der Praxis unterstützen.

**Grundsätzlich sind all unsere Gerichte auch mit Dampfeinsatz und Kochtopf oder Wok herstellbar.
Wir haben sie jedoch in einem Miele Dampfgarer ohne Druck zubereitet. Die Garzeiten können bei anderen Geräten abweichen.**

Wir haben in dieses Buch Rezepte für den Umstieg zum Familientisch ab dem 10. Lebensmonat aufgenommen. Diese können für Eltern abgewandelt werden. Für jüngere Babys finden Sie zahlreiche Breie und weitere 30 Baby-Eltern-Menüs in unserem Buch „*Rezepte und Tipps für Babys Beikost*".

Im vorliegenden Buch sind sowohl traditionelle als auch neu zusammengestellte Rezepte für die ganze Familie enthalten.
Dabei haben wir – speziell für Erwachsene und ältere Kinder – manchmal pikantere Saucen oder Variationen angefügt, die die Rezepte mit Fleisch oder Fisch genauso wie die vegetarischen Speisen ergänzen.
Da wir wissen, dass Kinder oftmals auch kleine Schleckermäulchen sind, dürfen Süßspeisen nicht fehlen.
Wir hoffen, dass unsere Kreationen auch Ihnen und Ihren Kindern auf das vortrefflichste munden.

Herzlichst

Ingeborg Hanreich

GEBRAUCHSANWEISUNG

In dieser „Gebrauchsanweisung" lesen Sie, wie Sie unser Buch über dampfgegarte Familienkost am bequemsten handhaben.

Lesen Sie immer das ganze Rezept, bevor Sie zu kochen beginnen! In den Kästen sind informative Hinweise über einzelne Inhaltsstoffe, Bestandteile oder Zubereitungsschritte enthalten.

Einleitend möchten wir unsere deutschen und Schweizer Leserinnen und Leser informieren, dass die „Übersetzung" der österreichischen Begriffe in Klammern nachgestellt ist.

So finden Sie, was Sie suchen!

Der seitliche Buchlauf hilft Ihnen, die einzelnen Kapitel (Baby-Rezepte sowie Grundrezepte zur Familienkost und Speisen mit Fleisch, mit Fisch, vegetarische oder süße) rasch aufzuschlagen. Nach bestimmten Rezepten, zu denen auch unser Fingersymbol „☞" verweist, suchen Sie am besten im alphabetischen Rezeptregister Seite 100.
Unsere Bücher mit ergänzenden Rezepten, beispielsweise ☞ *„Pfiffige Rezepte für kleine und große Leute"*, finden Sie im Anhang Seite 108 – 110.

Das ☞ „Stichwortverzeichnis" Seite 103 enthält die wichtigsten Zutaten der Speisen, sodass Sie dort beispielsweise sofort alle Gerichte mit ☞ „Kürbis" herausfinden können, sollten Sie z. B. einen ganzen Kürbis verwerten wollen. Es empfiehlt sich aber auch immer, zusätzlich unter ☞ „Gemüse" zu suchen, weil in manchen Rezepten die Gemüsesorten austauschbar sind.
Auf Seite 101 finden Sie das „Abkürzungsverzeichnis". Es erklärt Mengenbegriffe und z. B. auch den Titel IBCLC. Anschließend finden Sie Adressen von BIO-Anbietern im „Adressverzeichnis".

„Variationen"

Extra herausgehoben sind unsere Ideen für Variationen. Sie ermöglichen es Ihnen, aus einem Rezept mit kleinen Änderungen eine Vielzahl von Rezepten zu zaubern oder auf den jeweiligen (Kräuter)geschmack Ihres Kindes besser einzugehen.

„Familientisch"

Den „Baby-Rezepten" haben wir Tipps für den Familientisch (für Erwachsene und ältere Kinder) angefügt, um den Übergang zum Familientisch zu erleichtern. Die Abbildungen daneben beziehen sich jedoch immer auf die babygerechte Variante.
Bei den „Grundrezepten Familienkost" und den weiteren Rezepten finden Sie unter dem Begriff „Familientisch" Tipps, wie mit wenigen Handgriffen pikantere oder für Erwachsene verfeinerte Varianten erzielt werden können.

Portionsangaben

Unterhalb unserer Rezeptüberschriften sind zuerst Mengen und Portionen vermerkt. Darunter finden Sie Angaben zu küchenbezogenen Merkmalen.

Unsere Rezepte sind, wenn nicht anders angegeben (z. B. bei den Baby-Rezepten), für zwei Erwachsene und für 2 kleine Kinder im Alter von 1 bis 6 Jahren bemessen.
Größere Kinder – speziell solche, die sich sehr viel bewegen – brauchen eventuell größere Portionen.

Küchenbezogene Merkmale

Küchenbezogene Merkmale informieren über Eignung und Einfachheit der Zubereitung. Sie sind bei der Auswahl der Rezepte hilfreich oder geben an, was gut auf Vorrat zubereitbar ist.

Einfache Handgriffe, die von älteren Kindern bewerkstelligt werden können, sind gekennzeichnet.
Unter dem Kapitel „Merkmale" im Anhang (Seite 101) kann nach Rezepten mit diesen Eigenschaften gezielt gesucht werden.

Überblick über küchenbezogene Merkmale und ihre Bedeutung

Merkmale	Bedeutung
für Babys geeignet	Diese Bezeichnung weist in den Grundrezpten darauf hin, dass diese Gerichte auch für Babys ab dem 10. Lebensmonat geeignet sind.
auf Vorrat	Ganze Speisen oder Teile davon (z. B. der Teig) können auf Vorrat zubereitet werden.
für Kinderköche geeignet	Kinder können kleinere Handgriffe zur Zubereitung beitragen, z. B. beim Kochen von Milchreis. So wird die Akzeptanz der Speisen erhöht.
vielseitig & rasch aufwändiger vorbereitbar	Damit werden Zubereitungseigenschaften hervorgehoben.
ein Klassiker etwas Besonderes	Diese bewährten Rezepte kommen immer gut an oder sind für besondere Gelegenheiten geeignet.

DAMPFGAREN EINST UND HEUTE

Geschichte des Dampfgarens

Das Garen mit Dampf (Dämpfen, Dampfgaren) ist eine uralte Methode, welche bereits die alten Chinesen kannten. Schon zu Zeiten der Han-Dynastie (206 v. Chr. bis 220 n. Chr.) war diese Form des Zubereitens bekannt. Gedämpfte Teigtaschen und Teigrollen waren damals groß in Mode und sind es in China bis heute geblieben.

Früher verwendete man Doppeltöpfe. Der untere, bauchige Topf stand direkt auf dem Herd, darüber wurde ein schrägwandiger Dampftopf gesetzt.

Später wurden traditionellerweise Bambuskörbchen übereinander auf den wassergefüllten Wok gestapelt.
In diese – oft höher getürmten – Bauwerke wurden die empfindlichen Teigtaschen und Speisen gelegt und zugedeckt, um sie im aufsteigenden Dampf getrennt voneinander zu garen.
Von China aus gelangte das schonende Dampfgaren nach Südostasien, Japan und Indien.

In Europa kannten bereits die Römer gedämpfte Speisen. Wie sie stellen kundige Brotbäckerinnen auch heute noch ein Gefäß mit Wasser in den Backofen, um das Brot sowohl weicher als auch knuspriger zu machen.
Die chinesische Methode des Dämpfens war jedoch lange Zeit nur wenigen Fernostreisenden bekannt.

1927 kam der erste Schnellkochtopf der heutigen Bauart, ein erstes Druck-Dampf-Gargerät, in den Handel. Er boomte speziell in den 1970er- und 80er-Jahren. Allein im deutschsprachigen Raum werden jährlich ca. 2 Millionen davon gekauft.

Ende der 1960er-Jahre wurde der sogenannte „Römertopf" modern, ein länglicher Tonbräter mit Deckel, der ein natürliches Dämpfen ohne Druck im Ofen ermöglicht. Er ist in vielen Haushalten in Mittelmeerländern beliebt.

Erst in den 1990er-Jahren gewann Dampfgaren an Bedeutung. Zu dieser Zeit gelangten elektrische Dampfgarer mit stapelbaren Dampfkörben in den Handel. Diese waren bequemer und zeitsparender.
Sie konnten auch als Reiskocher benutzt werden und ermöglichten nicht nur eine schonende Zubereitung, sondern auch das Auftauen und Aufwärmen von Speisen.

Seit den 1990er-Jahren stieg nicht nur das Interesse an der asiatischen, besonders an der chinesischen Küche, sondern man war auch auf der Suche nach vitaminschonenden und möglichst fettfreien Garmethoden.
In der Gastronomie fanden die „Dämpfer", spezielle Dampfgeräte für Großküchen, bald Eingang. Nach und nach werden auch immer mehr Privatküchen mit Dampfgarern ausgestattet.

Kleine Gerätekunde

Für das Garen mit Dampf reicht im Prinzip ein Wok oder ein Kochtopf mit fest schließbarem Deckel und ein Einsatz mit Löchern, durch den der Dampf strömen kann. Beispielsweise verwendet man ein Sieb bzw. einen flexiblen Siebeinsatz aus Metall oder ein Bambuskörbchen.

In den Kochtopf oder Wok gießt man ca. 3 bis 5 cm hoch Wasser oder klare Suppe (Brühe). Die vorbereiteten, gewürzten Zutaten legt man in den Einsatz mit Löchern. Danach schließt man den Deckel und erhitzt die Flüssigkeit so lange stark, bis der Dampf aufsteigt. Dann wird auf mittlerer Stufe weitergedämpft. Ein Abheben des Deckels unterbricht den Garvorgang und soll daher möglichst vermieden werden.

Wer selten dämpft, dem mag diese Methode durchaus reichen. Wer sich, seine Familie oder Gäste hingegen öfter mit gedämpften Köstlichkeiten verwöhnen will, der ist mit einem elektrischen Dampfgargerät gut beraten. Diese gibt es in unterschiedlichen Preis- und Qualitätsklassen. Man unterscheidet sie nach ihrer Arbeitsweise folgendermaßen:

Dampfgarer ohne Druck

Beim klassischen, elektrischen Dampfgarer wird das Gargut in zwei oder mehreren Garschalen übereinandergestapelt. Durch den gelochten Boden werden die Speisen mit Wasserdampf versorgt.

Dabei ist das Gargut nur dem Umgebungsdruck des Dampfes ausgesetzt. Es wird mit Temperaturen bis max. 100 °C gegart.

Bei modernen Geräten lassen sich auch Temperaturen unter 100 °C einstellen. So können empfindliche Lebensmittel (z. B. Fisch) schonender gegart werden.

Druck-Dampfgarer

Manche Geräte verbinden den Dämpfvorgang zusätzlich mit Druck. In einem gegenüber der Umgebung abgeschlossenen System wird ein Druck von bis zu 2 Bar aufgebaut.

Bei diesem Druck siedet Wasser nicht bei 100, sondern erst bei 120 °C. In den meisten Fällen ist der Garraum bei diesen Dampfgargeräten kleiner.

Wie bei einem Schnellkochtopf verringert der Druck die Garzeit. Bei 120 °C sind die Garzeiten um ca. 50 % reduziert. Dadurch kann bedeutend Energie gespart werden.

Nachteil der Methode des Garens mit Druck: Die Zeiten müssen genau eingehalten werden! Wird auch nur etwas zu lang gegart, beeinträchtigt das die empfindlichen Inhaltsstoffe der Speisen sehr stark.

Combi-Dampfgarer

Manche Geräte sind Alleskönner und kombinieren ein Backrohr mit einem Dampfgarer. Sie sind jedoch um einiges teurer als herkömmliche Dampfgarer. Besitzen Sie einen normalen Backofen, reicht ein Dampfgarer ohne Zusatzfunktion in der Regel aus.

Combi-Dampfgarer gibt es mittler-weile in verschiedenen Modellen. Sie ermöglichen das Backen mit Dampf.

Es gibt Modelle, die neben der Dampf-funktion nur Heißluftfunktion besit-zen, und solche, die zudem über Grill, Ober- und Unterhitze, Auftauen, Pizza-stufe u. ä. verfügen.
In solchen Multifunktionsgeräten kön-nen gegarte Speisen zusätzlich zum Dämpfen gebraten oder gebacken werden.

Darauf sollten Sie beim Kauf achten!

Eine Vielzahl von Produkten wird auf dem Markt angeboten, deshalb haben wir für Sie einige Auswahlkriterien zu-sammengestellt.
Sie sollen Ihnen helfen, das für Sie richtige Gerät zu finden.

Es ist empfehlenswert, sich das Gerät vorführen zu lassen oder bei einem Hersteller Kochkurse zu besuchen, bevor Sie das Gerät kaufen.
Dadurch können Sie Garzeiten, Auswirkung auf die Lebens-mittel und die Arbeitsweise besser beurteilen.

Achten Sie beim Verkosten der Speisen auf das Aussehen, den Geschmack und die Konsistenz!

Beachten Sie bitte folgende Faktoren:
• Haushaltsgröße (Anzahl der Famili-enmitglieder), Koch- und Essgewohn-heiten, Qualitätsansprüche

• Bedienungsfreundlichkeit und Ein-satzmöglichkeit

• Gardauer (Druck-Dampfgarer ermög-lichen kurze Garzeiten!)

• Automatik-Programme / Komfort:
z. B. feste Installation, optische und akustische Anzeigen, Abschaltauto-matik mit Temperatur-Rückkühlung, Dampfreduzierung am Ende des Gar-vorganges sowie Warmhaltemöglich-keiten

• Reinigung und Entkalkung

• Sicherheitszeichen wie VDE- oder TÜV-GS-Prüfzeichen

• Einbau- und Installationssituation / Platzangebot / Bauformen:
z. B. Solo-Dampfgarer, Geräte mit und ohne Lifttür, Combi-Dampfgarer, Dampfgarer über dem Backofen, Back-ofen mit integriertem Dampfgarsys-tem sowie Dampfeinsatz für den Backofen

Bitte beachten Sie, dass man-che Geräte sowohl Wasserzu- als auch -ablauf benötigen! Andere haben einen heraus-nehmbaren Wasserbehälter.

METHODE UNTER DER LUPE

Was passiert beim Dampfgaren?

Das Garen von Lebensmitteln im Dampfgarer oder Bambuskörbchen ist eine besonders schonende Methode. Dabei werden die Speisen gedämpft, das heißt, der entstehende Wasserdampf umschließt und umströmt die Speise von allen Seiten.

Die Anzahl der Wassermoleküle im Dampf reicht gerade aus, um genug Hitze zum Garen zu liefern. Dabei kommt das kochende Wasser nicht direkt an das Gargut. Dieses wird daher weder ausgelaugt noch verkocht oder verwässert. Das bedeutet, dass die wasserlöslichen Inhaltsstoffe weitestgehend erhalten bleiben. Die vorhandene Feuchtigkeit verhindert nicht nur ein Austrocknen des Gargutes, sondern es bleiben auch Zellstrukturen bestehen, die beim herkömmlichen Kochen zerstört würden.

Im Durchschnitt bleiben beim Dampfgaren etwa 50 % mehr Vitamine erhalten als beim Kochen.
Bis zu 80 % mehr Mineralstoffe und Spurenelemente machen die gedämpften Speisen besonders gesund. Dies bewirkt auch den besseren Geschmack gedämpfter Speisen.

Gedämpfter Paprika besitzt noch gleich viel an Mineralstoffen und Spurenelementen wie roher Paprika – also um 45 % mehr als gekochter Paprika. Brokkoli aus dem Dampfgarer enthält ca. 50 % mehr Vitamin C als gekochter Brokkoli.

Auch Fischgerichte profitieren von der Methode. Da der Fisch nicht gewendet werden muss, zerfällt er nicht. Der Fisch wird beim Dämpfen bei niedriger Temperatur, ☞ Seite 23, außerdem besonders schonend zubereitet.

Was versteht man unter Dünsten und Schmoren?

Beim **Dünsten** wird wenig Flüssigkeit in einen gut verschließbaren Topf gegeben. Das Gargut wird hineingelegt und so – teils im Dampf, teils in der Flüssigkeit – gegart. Große Stücke an Zutaten sollen daher immer unten liegen, Kleinstückiges ganz oben.

Schmoren ist eine Kombination von Braten und Dünsten. Zuerst erfolgt eine Anbratphase bei 160 bis 200 °C, dann die eigentliche Schmorphase, wobei unter wenig Flüssigkeitszugabe bei ca. 100 °C gegart wird. Schmoren eignet sich für Fleisch und sogenanntes „Schmorgemüse" (z. B. gefüllte Paprika, gefüllte Melanzani / Auberginen).

Dampfgaren – die Vorteile

Dampfgarer liegen voll im Trend, denn es gibt zahlreiche – auch ernährungswissenschaftliche – Vorteile. Hier ein Überblick:

• Alles, was gekocht bzw. gedünstet werden kann, lässt sich auch im Dampfgarer zubereiten. Die Garzeiten sind beim herkömmlichen Kochen auf dem Herd und beim Dämpfen im Dampfgarer ohne Druck ident.

• Es kann nichts anbrennen, überkochen, zerkochen oder austrocknen. Denn das Gerät schaltet sich nach Beendigung selber ab. Sie können guten Gewissens zwischendurch den Raum verlassen bzw. die Zeit für sich nutzen, bevor Gäste kommen.
Es ist einfach, Menüs mit unterschiedlichen Garzeiten zuzubereiten. Die meisten Geräte ermöglichen ein problemloses Unterbrechen zum Befüllen mit kürzer garenden Speisen.

• Dampfgegarte Speisen sind knackig, schmackhaft und schön anzusehen: Form (Konsistenz), Farbe, Geruch und Geschmack bleiben fast zu 100 % erhalten, wenn die Geräte fachgerecht angeschlossen sind.
Denn die Zellstruktur der Zutaten verändern sich kaum und der Sauerstoff kann die Farbe der Lebensmittel – im Gegensatz zum herkömmlichen Kochen – nur geringfügig verändern.
Dies wird auch von Spitzenköchinnen und -köchen sehr geschätzt.

• Sie können an Gewürzen und Salz sparen, da der charakteristische Eigengeschmack zur Geltung kommt. Die natürlichen Aromen der Lebensmittel können sich voll entfalten. Wichtig ist das Einsparen von Salz vor allem zur Prävention von Herz-Erkrankungen.

• Dampfgaren kommt gänzlich ohne Fett aus und ist trotzdem geschmackvoll. So kann man im Kochalltag Übergewicht und Artheriosklerose vorbeugen und Kalorien einsparen.

• Notwendige Vitamine und andere wertvolle, sogenannte „sekundäre" Pflanzeninhaltsstoffe bleiben weitgehend erhalten. Dies ist für die Krebsprophylaxe wesentlich.

• Mineralstoffe und Spurenelemente werden in viel geringeren Mengen ausgelaugt, wenn Garflüssigkeit und Zutaten durch den Einsatz gelochter Schalen voneinander getrennt sind. Nur ein kleiner Teil der Mineralstoffe gelangt in die Flüssigkeit, die eventuell in die Auffangschalen tropft.
Unter anderem sind diese Inhaltsstoffe für den Knochenaufbau und für die Bildung von Enzymen wertvoll.

• Dampfgaren erspart viele Töpfe, denn es können mehrere Speisen in Einem gedämpft werden, da der Dampf isoliert und so keine Geschmacksübertragung stattfindet. Sogar Süßes und Pikantes können Sie gemeinsam zubereiten, solange Sie es nicht zusammen im Dampfgarer auskühlen lassen.

Außerdem müssen weniger Wasser-moleküle als beim Kochen im Kochtopf erhitzt werden und die Hitze bleibt dort, wo sie gebraucht wird: im Gar-raum.

• Das Blanchieren, Einkochen, Entsaf-ten, Zubereiten von Joghurt und Steri-lisieren von Einmachgläsern, aber auch von Babyfläschchen ist mit Hilfe des Dampfgarers möglich.
Nähres dazu auch unter dem Kapitel „Dampfgaren und Familienkost".

• Dampfgaren erlaubt schonendes Auftauen („Regenerieren" genannt) und Erwärmen von Speisen. Experten erwarten, dass Dampfgarer die Mikro-wellengeräte ablösen werden.

Dampfgaren – die Nachteile

• Dampfgaren erhöht die Raumfeuch-tigkeit beim Öffnen des Gerätes schlagartig. Eine gute Lüftung der Kü-che ist daher erforderlich.

• Über den Dampf können vereinzelt Spuren von Allergenen übertragen werden und bei sehr sensiblen Allergi-kern Symptome auslösen.

Achtung! *Sind empfindliche Fischallergiker in der Familie, so dürfen Fischgerichte evtl. nicht gleichzeitig mit der Familien-kost gedämpft werden.*

DAMPFGAREN UND FAMILIENKOST

Muttermilch –
das Beste für Ihr Kind!

Heutzutage ist uns allen bewusst, wie wunderbar Muttermilch für Babys ist. Dennoch heben wir hier die wichtigsten Unterschiede zur Flaschennahrung hervor.

• Muttermilch enthält Abwehrstoffe: solche, die generell enthalten sind, und auch solche, die die Mutter bei „Schnupfen im Umfeld" maßgeschneidert produziert. Daher haben gestillte Kinder z. B. deutlich weniger Mittelohrentzündungen und Krankenhausaufenthalte als flaschengefütterte.

• Neben der besonderen Fettzusammensetzung der Muttermilch werden auch Vorstufen der Verdauungsenzyme mitgliefert – ein Kombipack bester Qualität.

• Das Baby kann den Geruch der Mutter und ihren Herzschlag während jeder Mahlzeit wahrnehmen. So werden mehrere Bedürfnisse „gestillt".

Manchmal kann es aber vorkommen, dass die Mutter Muttermilch abpumpen und aus Becher oder Flasche geben muss. Über das Aufbewahren von abgepumpter Muttermilch finden Sie ein Gratis-Merkblatt auf unserer Webseite www.hanreich-verlag.at.
Außerdem gibt es Frauen, die nicht stillen können oder wollen. Bei der Auswahl der Flaschennahrung hilft Ihnen unser Kapitel über Flaschenkost in unserem Ratgeber „Essen und Trinken im Säuglingsalter".

Babyfläschchen im
Dampfgarer sterilisieren

Ebenso wie Einmachgläser vor dem Einkochen kann man auch Babyfläschchen im Dampfgarer sterilisieren. Egal, ob Muttermilch oder Säuglingsmilchnahrung in der Flasche war, beide bieten infolge ihrer Zusammensetzung einen guten Nährboden für unerwünschte Bakterien.
Durch Erhitzen der gereinigten Flaschen und Sauger auf 100 °C über 10 bis 15 Minuten erreicht man dieselbe Keimfreiheit wie beim Auskochen.

Nach etwa einem halben Lebensjahr reicht es, die Flaschen im Geschirrspüler zu reinigen. Denn dann stecken die krabbelnden Kinder schon alles in den Mund und sind abgehärteter. Der Sauger soll jedoch weiterhin erhitzt werden. Denn in den Ritzen, die durch die Beanspruchung entstehen, verstecken sich krankmachende Bakterien.

Beikost ab einem halben Jahr

Mit etwa einem halben Jahr zeigt Ihr Kind typische Beikostreifezeichen. Es wird Zeit, mit der Beikost zu beginnen.

Beikostreifezeichen:

- *Ihr Baby kann schon mit wenig Unterstützung sitzen.*
- *Es kann Dinge zwischen Zeigefinger und Daumen greifen und zum Mund führen.*
- *Es stößt nicht mehr reflexartig jeden Brei mit der Zunge aus dem Mund.*
- *Es zeigt reges Interesse am Essen der Erwachsenen und macht evtl. Kaubewegungen.*
- *Möglicherweise ist es jetzt hungriger als gewöhnlich.*

Babys wollen unterschiedlich lang ausschließlich gestillt werden. Die WHO empfiehlt aus vielerlei Gründen eine lange Stillzeit ohne Gabe von Beikost. Spätestens nach 6 Monaten soll Beikost jedoch angeboten werden.

Manche Babys brauchen auch länger, um sich an Beikost zu gewöhnen. Andere hingegen verlangen schon im 5. Lebensmonat danach und essen gleich mehrere Löffelchen.

Wer nicht den Kochlöffel für sein Baby schwingen will, findet Beikostpläne und Gläschenübersicht in *„Essen und Trinken im Säuglingsalter"*.

Babykost im Dampfgarer

Dampfgaren ist speziell für die Zubereitung von Babynahrung geeignet. Diese soll nicht gesalzen und maximal mit milden Kräutern gewürzt werden. Wegen seines natürlichen, aromatischen Geschmacks eignet sich Gedämpftes besonders. Es ist eine viel bessere Geruchs- und Geschmacksschulung für Ihr Kind als Gläschenkost.

Wir haben in diesem Buch auf Seite 24 einen Brei für Babys ab dem 10. Monat und auf Seite 26 ein Rezept für „Fleischpüree auf Vorrat" angeführt. Außerdem sind 4 Babymenüs inkl. Abwandlung für den Familientisch enthalten. Die Rezepte für Babys ab Beikostbeginn und weitere Menü-Ideen finden Sie in unserem Rezeptbuch „Rezepte und Tipps für Babys Beikost". Dort können Sie auch einen Beikostfahrplan und das ABC der Zutaten nachlesen. Außerdem bietet es zudem 30 Rezepte für den 10. bis 12. Monat.

Prinzipielle Einführung der Breie

Mittagsbrei: Gemüse + Rapsöl + Erdapfel (Kartoffel) + (Rind)fleisch + Saft

Nachmittagsbrei: Apfelmus + 1 bis 2 TL Hafer- oder Dinkelflocken (Instant)

Abendbrei: Getreide und Wasser (☞ Stillen) / Säuglingsmilchnahrung

Vormittags: Frischobstbrei
Alle 4 Tage kommt ein neues Lebensmittel dazu. Zuletzt wird ein Früh-stücksbrei oder Fingerfood (Butterbrot, Banane ...) morgens gereicht.

Täglich frisch gekocht ...

Wenn Sie regelmäßig für sich und Ihre Familie kochen, stellen Sie kleine Portionsmengen fürs Baby in einer dampfgarergeeigneten Schüssel dazu.

Das frischgedämpfte Gemüse (Kürbis, Brokkoli, Erbsen etc.) und die Beilagen sind vitaminreicher. Das ist optimal für Ihr Kind und Sie sparen Zeit!

Breie auf Vorrat

Viele Breie lassen sich im Dampfgarer sehr gut auf Vorrat zubereiten. Breie oder auch Breikomponenten können portionsweise in Eiswürfelbehälter gefüllt und eingefroren werden. Das macht auch gerade am Anfang der Beikost Sinn, wenn nur geringe Mengen gegessen werden.

Dabei sollen die Gemüse-, Fleisch- oder Obstbreiwürfelchen nach dem Tieffrieren in verschließbare Behälter oder Tiefkühlsäcke umgefüllt werden. Dadurch bleiben Geruch und Geschmack erhalten.

Friert man die einzelnen Komponenten getrennt voneinander ein, so kann man anschließend nach Belieben kombinieren.

> *Verzichten Sie jedoch beim Brei auf Vorrat vorerst noch auf das Öl und auf den Saft. Geben Sie diese erst beim Erwärmen vor der Verwendung dazu!*

Planen Sie vor!
Wollen Sie im Frühjahr mit der Beikost starten, dann ist es sinnvoll, zeitgerecht im Eiswürfelbehälter vorportionierte, sortenreine Breie tiefzufrieren.

Wenn im Herbst die Ernte für volle Speisekammern sorgt, lassen sich größere Mengen vorbereiten und tieffrieren. Gemüse- oder Obstmus ist teilweise auch geeignet, zusammen angeboten zu werden (z. B. als Kürbis-Apfel-Brei).

Familienkost ab einem Jahr

Die Kleinen werden bald größer und können – je nach Entwicklung – schon ab dem 10. bis 12. Lebensmonat beginnen, am Familientisch mitzuessen.
Nun gilt es für Sie als Mutter oder Vater zum einen als gutes Vorbild voranzugehen, damit Ihre Kinder den guten Umgang mit Lebensmitteln lernen.
Zum anderen gilt es, für eine gute sogenannte „Verhältnisprävention" zu sorgen, d. h. eine gute Auswahl zu treffen und das Richtige anzubieten. Nur so lernt Ihr Kind die Grundnahrungsmittel, günstige Kombinationen und Gerichte kennen und schätzen.

Einen guten Überblick, was Kinder im Klein- und Vorschulalter brauchen, finden Sie in unserem Buch „*Essen und Trinken im Kleinkindalter*".

Die Hinweise darin sind praxisnah, z. B. werden die Mengen auch in kindgerechten Portionsgrößen (Kinderhandvoll, kinderhandtellergroß etc.) angegeben.
Halten Sie sich dabei vor Augen, dass Neophobie, der Instinkt, Neues im Kindesalter zu verweigern, oftmals präsent ist. In Vorzeiten hat er zum Schutz vor giftigen Pflanzen seine Rolle gespielt.

Wissenschafter haben herausgefunden, dass man Kleinkindern eine Speise mind. 8- bis 12-mal anbieten muss, bevor sie als bekannt wahrgenommen wird. Je nach den individuellen Geschmacksvorlieben, die jedes Kind hat, wird es die neue Speise dann als beliebt, neutral oder unbeliebt einstufen.
Einzig süße Speisen brauchen Sie nicht so häufig anzubieten, denn die angeborene Vorliebe für Süßes setzt sich – zum Leidwesen vieler Eltern – oft allzu intensiv durch.

Weitere Rezepte aus unserer Feder für Familien mit Kindern ab einem Jahr finden Sie in „*Pfiffige Rezepte für kleine und große Leute*", ☞ „Unsere Bücher" Seite 110.
Wohlschmeckende, abwechslungsreiche Zwischenmahlzeiten bietet unser Rezeptbuch „*Coole Rezepte für zwischendurch*", ☞ „Unsere Bücher" auf Seite 110.
Diese sind nicht nur bei Schulkindern, sondern auch in Kindergarten und Büro beliebt.

Regenerieren, Aufwärmen & Zubereiten

Fast immer können Sie den Dampfgarer bei 100 °C verwenden. Hier die Ausnahmen:

• Soufflé benötigt 90 bis 100 °C.

• Aufwärmen („Regenerieren") gelingt bei 90 bis 95 °C. Knuspriges mit Alufolie abdecken oder umwickeln.

• Wurstwaren (Würstel etc.) werden bei 80 bis 90 °C gegart, damit sie nicht aufspringen.

• Fisch wird bei 75 bis 85 °C gedämpft, damit das Eiweiß nicht ausflockt.

• Auftauen erfordert eine Einstellung auf 60 °C.

• Auch Schokolade wird optimal bei 60 °C geschmolzen.

• Hefeteig können Sie bei 40 °C im Dampfgarer gehen lassen.

• Kristallisierten Honig können Sie, wenn gewünscht, vitaminschonend bei 40 °C wieder verflüssigen.

• Joghurt gelingt bei 40 bis 45 °C. Ein Rezept zur Herstellung finden Sie im Buch „Joghurt, Käse, Rahm & Co" (Lotte und Ingeborg Hanreich, Stocker Verlag, ISBN 978-3-7020-1264-9).

Merkblätter aus unserer Feder:
In unserem Online-Shop unter www.hanreich-verlag.at finden Sie außerdem folgende, von uns und unserem Team erstellte Merkblätter (0,90 €/Stk):

• *Acrylamid in Chips, Keksen & Co*
• *Alkopops – gefährliche Modedrinks für Kids*
• *Bioprodukte und ihre Gütesiegel*
• *Buchtipps – Kinderbücher*
• *Die gesunde Pausenmahlzeit als Schulprojekt*
• *Ernährung bei Erkrankungen Ihres Kindes*
• *Fisch – Genuss oder Gefahr?*
• *Flüssigkeitsaufnahme im Säuglings- und Kleinkindalter*
• *Hyperaktivität bei Kindern*
• *Knabbereien im Säuglings- und Kleinkindalter*
• *Kreuzreaktionen bei Allergien auf Sellerie, Karotte & Co*
• *Kuhmilchallergie & Calciumversorgung*
• *Langzeitstillen*
• *Lebensmittelvergiftungen im Kleinkindalter*
• *Mein Kind ist ein Essmuffel!*
• *Omega-3-Fettsäuren*
• *Verstopfung im Säuglings- und Kleinkindalter*
• *Wie gesund sind „Kinderlebensmittel"?*
... u.a.m.

BABY-REZEPTE

Karotten-Erdäpfel-Fleisch-Brei

Menge für 1 Portion
für Babys geeignet
ab 10. Lebensmonat

30 g	**Rindfleisch,** mager
100 g	**Karotten (Möhren)**
60 g	**Erdäpfel (Kartoffeln)**
2 TL	**Rapsöl**
3 EL	**Obstsaft** (Vitamin-C-haltig)
	Wasser (babytauglich)
	oder Gemüsesud

Waschen Sie das Fleisch und schneiden Sie es in ca. 2 cm große Stücke oder faschieren Sie es (machen Sie Hackfleisch daraus).

Waschen und putzen Sie die Karotten (Möhren) und die Erdäpfel (Kartoffeln) und zerteilen Sie beides grob.
Legen Sie alles in einen gelochten Garbehälter und dämpfen sie es bei 100 °C 25 Minuten.

Geben Sie alles in eine Schüssel. Fügen Sie das Rapsöl und den Obstsaft dazu und pürieren Sie alles fein.

Tipp: So sparen Sie Zeit!
Sie können zeitgleich auch das Essen für die Eltern im Dampfgarer zubereiten! Die geringeren Mengen für das Baby passen in kleinere, für den Dampfgarer geeignete Gefäße.

Wenn Sie eine größere Menge zubereiten, können Sie diese nach dem Erkalten des Breis in Eiswürfelbehälter füllen und tieffrieren. Bei Bedarf erwärmen Sie die jeweils gerade passende Menge für Ihr Kind.

NOTIZEN

Fleischpüree auf Vorrat

auf Vorrat
für Babys geeignet

1 kg	**BIO-Rindfleisch,**
	z. B. Schulter, mager,
	oder BIO-Putenbrust
1/4 l	**Wasser** (babytauglich)

Waschen Sie das Fleisch und legen Sie es in einen ungelochten Garbehälter. Geben Sie das Wasser dazu und dämpfen Sie das Rindfleisch bei 100 °C im Dampfgarer 2 Stunden, das Putenfleisch 90 Minuten. Schneller geht es, wenn das Fleisch vorab zerkleinert ist.

Je nach Qualität des Fleisches kann es auch etwas kürzer dauern, bis das Stück weich gegart ist.

Schneiden Sie das Fleisch dann in ca. 2 cm große Stücke und pürieren Sie es mit ca. 200 bis 300 ml „Kochwasser" mittels Stabmixer oder Mixaufsatz sehr fein.

Frieren Sie das erkaltete Fleischpüree in sauberen Eiswürfelbehältern portionsweise ein.
Nach dem Tieffrieren können Sie die Würfel in einen Gefrierbeutel umfüllen und gut verschließen. Bei mindestens -18 °C lagern.

Im 2. Lebenshalbjahr reichen 2 Würfel pro Mittagsbrei. Geben Sie die Würfel 5 Minuten vor Ende der Garzeit des Gemüses zum Gemüsebrei dazu.

Wahl der Fleischsorten
Prinzipiell kann jede Fleischsorte für den Babybrei verwendet werden. Wild ist allerdings im 1. Lebensjahr nur dann geeignet, wenn es nicht mit Bleikugeln gejagt wurde.

Wir haben hier als gängige Fleischsorten Rind und Pute gewählt, weil diese auch oft in BIO-Qualität erhältlich sind. Rindfleisch (aber auch Lammfleisch) hat einen höheren Eisengehalt als Pute. Diese ist hingegen leichter zu pürieren und manche empfinden sie als verträglicher.

NOTIZEN

Hühnersuppe

Menge für 1 Baby und 2 Erwachsene
ab 10. Lebensmonat
auf Vorrat

1	**Huhn** (ohne Brust und Schenkel)
1/2 l	**Wasser**
2	**Knoblauchzehen,** geschält
1	**Lorbeerblatt**
4	**Pfefferkörner,** schwarz
5	**Neugewürzkörner (Piment)** **etwas Ingwer,** geschält (ca. daumennagelgroß) **etwas Liebstöckel (Maggikraut),** frisch
500 g	**Erdäpfel (Kartoffeln)**
4	**Karotten (Möhren)**
2	**Gelbe Rüben**

Waschen Sie das Huhn und legen Sie die Stücke (mit Knochen) in eine ungelochte Garschale. Fügen Sie dann das Wasser, die Knoblauchzehen, das Lorbeerblatt, die Pfeffer- und Neugewürzkörner und den Ingwer im Ganzen dazu. Waschen Sie eine Handvoll Liebstöckel (Maggikraut) und geben Sie ihn ebenfalls im Ganzen dazu.

Dämpfen Sie das Huhn bei 100 °C im Dampfgarer 30 Minuten lang. Danach nehmen Sie es vorsichtig heraus und gießen Sie die Suppe durch ein Sieb. Dann leeren Sie die klare Suppe wieder in dieselbe ungelochte Garschale.

Waschen und schälen Sie die Erdäpfel (Kartoffeln), Karotten (Möhren) und Gelben Rüben. Schneiden Sie Karotten und Gelbe Rüben in ca. 0,5 cm breite Scheiben, die Edäpfel in ca. 2 cm große Würfel. Geben Sie das Gemüse zur Suppe und dämpfen Sie alles bei 100 °C im Dampfgarer 15 Minuten lang.

In der Zwischenzeit lösen Sie das noch vorhandene Hühnerfleisch von den Knochen und schneiden Sie es klein. Geben Sie es dann nochmals 2 Minuten zur Suppe.

Familientisch

Würzen Sie die Suppe nach Ihrem Geschmack mit Salz und bestreuen Sie sie vor dem Servieren eventuell mit geriebenem Parmesan und gemahlenen Kürbiskernen.

Info:
Die Suppenflüssigkeit beträgt nach dem Ende der Garzeit ca. 1/2 Liter.

Sie können ein ganzes Huhn kaufen, die Brust- und Schenkelstücke für andere Rezepte, z. B. Rosmarinhuhn mit Reis und Brokkoli (aus „Rezepte und Tipps für Babys Beikost") verwenden und aus den Resten diese Suppe machen.

Das Mitdämpfen der Knochen verstärkt den Geschmack. Natürlich lässt sich diese Suppe auch mit Hühnerbrust zubereiten.

NOTIZEN

Gedämpfte Pute mit Brokkoligemüse

Menge für 1 Baby und 2 Erwachsene
ab 10. Lebensmonat
kalorienreduziert

350 g	**Putenschnitzel**
1 – 3	**Petersilienzweige**
	etwas Salz (evtl.)
	etwas Pfeffer (evtl.)
	Zahnstocher
500 g	**Brokkoli**
120 g	**(Vollkorn)reis,** roh gewogen

Waschen Sie die Putenschnitzel und trocknen Sie diese mit einem Küchenpapier. Belegen Sie das halbe Schnitzel für das Baby, aber auch die für die Eltern mit den abgezupften Petersilblättern. Rechts unter „Familientisch" finden Sie eine weitere Variante für eine Fülle für Eltern und Geschwister.
Rollen Sie die Schnitzel ein und fixieren Sie sie mit einem Zahnstocher. Legen Sie die Putenrollen in eine gelochte Garschale. Würzen Sie die Schnitzel eventuell mit etwas Salz und Pfeffer.

Waschen Sie den Brokkoli und putzen Sie ihn. Legen Sie ihn ebenfalls in eine gelochte Garschale.
Servieren Sie alles mit Reis (siehe Seite 44). Wenn Sie einen „12-Minuten-Reis" verwenden, geben Sie diesen in eine ungelochten Schale über den Brokkoli und die Pute und dämpfen Sie alles bei 100 °C im Dampfgarer 15 Minuten lang.

Vollkornreis sollten Sie vorab zubereiten! Er braucht länger.

Familientisch

Sie können für den Familientisch die Fülle der Putenschnitzel variieren: Schneiden Sie z. B. 20 g getrocknete Tomaten in feine Streifen und 30 g Mozzarella in kleine Würfel.
Bestreichen Sie die zwei Putenschnitzel für Erwachsene mit je 1 EL Kräuterfrischkäse, belegen Sie sie mit je einem Blatt (Koch)schinken und verteilen Sie die getrockneten Tomaten und die Mozzarellawürfel darauf.
Rollen Sie die Schnitzel ein und fixieren Sie sie mit einem Zahnstocher.

Dazu können Sie für Erwachsene eine Sauce reichen:
Geben Sie den Saft aus der Auffangschale in einen kleinen Topf. Lassen Sie den Saft kurz aufkochen.
Verrühren Sie 10 g (Vollkorn)mehl mit etwas Wasser und binden Sie unter Rühren damit den Saft. Würzen Sie die Sauce noch mit etwas Pfeffer und 1 EL Sauerrahm (Saurer Sahne).

Info:
Sollten Sie ungerollte Schnitzel für Ihr Baby machen wollen, garen Sie diese nur 10 Minuten, da sie sonst zäh werden.

NOTIZEN

_____

_____

_____

_____

_____

_____

_____

_____

_____

_____

Nudeln mit Paradeissauce (Tomatensauce)

Menge für 1 Baby und 2 Erwachsene
ab 10. Lebensmonat

4	**Paradeiser (Tomaten),** groß, reif
1/2 TL	**Oregano,** getrocknet
	etwas Zimt
	etwas Salz (evtl.)
1 TL	**(Vollkorn)mehl,** zum Stauben
25 g	**Rinderfaschiertes (Rindergehacktes),** für das Baby
125 g	**Lammfaschiertes (Lammgehacktes)**
1 EL	**Rapsöl**
1/2	**Bund Petersilie**
200 g	**(Vollkorn)nudeln**

Bereiten Sie eine Paradeissauce (Tomatensauce) nach dem Grundrezept auf Seite 42 zu.

Dämpfen Sie das Rinderfaschierte (Rindergehackte) für Ihr Baby in einem gelochten Garbehälter bei 100 °C im Dampfgarer 20 Minuten lang.

Geben Sie zeitgleich die Vollkornnudeln oder 8 Minuten nach dem Garbeginn die herkömmlichen Nudeln bedeckt mit Wasser in einer ungelochten Garschale dazu (siehe Seite 52).

Vermengen Sie dann das Fleisch für Ihr Baby mit etwas Paradeissauce und servieren Sie es zu den Nudeln.

Familientisch

Erhitzen Sie während des Garvorganges für die Erwachsenen das Öl in einer Pfanne und braten Sie das Lammfaschierte (Lammgehackte) darin gut ab. Waschen Sie die Petersilie und hacken Sie sie fein.

Vermengen Sie das Lamm mit der restlichen Paradeissauce und der Petersilie und servieren Sie alles mit den Nudeln.

Dazu passen Blattsalate der Saison.

NOTIZEN

_____

_____

_____

_____

_____

_____

_____

_____

_____

Fleischbällchen mit Apfel-Lauchgemüse

Menge für 1 Baby und 2 Erwachsene
ab 10. Lebensmonat
etwas Besonderes

300 g	**Rinderfaschiertes (Rindergehacktes)**
1	**Ei**
3 EL	**Semmelbrösel (Paniermehl)**
2	**Stangen Lauch (Porree)**, ca. 450 g
1	**Apfel** etwas **Estragon**, gehackt **Pflanzenöl**, für die Form
450 g	**Erdäpfel (Kartoffeln)**

Vermengen Sie das Faschierte (Gehackte) mit dem Ei, den Semmelbröseln (dem Paniermehl) und dem Estragon. Für Erwachsene eventuell etwas Estragon für die Sauce zurückbehalten.

Formen Sie aus der Masse 12 Bällchen (ca. 6 cm Durchmesser) und legen Sie sie in eine eingeölte, gelochte Garschale. Dämpfen Sie die Bällchen bei 100 °C im Dampfgarer 5 Minuten lang.

Waschen Sie den Lauch und schneiden Sie ihn in feine Ringe. Schneiden Sie den Apfel in Viertel, entfernen Sie das Kerngehäuse, schälen Sie ihn und schneiden Sie ihn in kleine Stücke. Legen Sie beides in eine gelochte Garschale, vermengen Sie alles und geben Sie die Mischung zu den Fleischbällchen in den Dampfgarer .

Dämpfen Sie alles zusammen bei 100 °C für 10 Minuten.
Servieren Sie dazu nach dem Grundrezept mit oder ohne Schale gedämpfte Erdäpfel (Kartoffeln), Seite 54.

Familientisch

Für Erwachsene passt dazu gut eine Kapernsauce: Rösten Sie in einem Topf 1 EL (Vollkorn)mehl trocken (ohne Fettzugabe) an. Fügen Sie unter Rühren löffelweise 150 ml kalte Milch dazu. Immer so lange rühren, bis keine Klumpen mehr entstehen, dann die nächste Portion dazugießen.

Rühren Sie so lange weiter, bis eine sämige Sauce entsteht. In diese geben Sie dann etwas Salz, 1 TL Senf, 2 EL Kapern und die restlichen feingehackten Estragonblätter. Lassen Sie die Sauce etwa 10 Minuten unter mehrmaligem Umrühren köcheln.

Tipp:
Formen Sie aus der Masse zuerst die Bällchen für Ihr Baby.
Danach können Sie die Masse für Erwachsene noch mit Salz und Pfeffer würzen. Legen Sie diese Bällchen separat in die Garschale.

NOTIZEN

GRUNDREZEPTE FAMILIENKOST

Gemüse allgemein

Menge für 2 Kinder und 2 Erwachsene
für Babys geeignet

750 g	**Gemüse** der Saison
2 EL	**Kräuter** der Saison (evtl.)
	etwas Salz (evtl.)

Waschen und putzen Sie das Gemüse und legen Sie es in einen gelochten Garbehälter. Geben Sie eventuell Kräuter und Salz dazu.
In der Regel kann Gemüse bei 100 °C im Dampfgarer 8 bis 10 Minuten gedämpft werden. Tiefkühlerbsen benötigen nur ca. 3 Minuten.

Die unterschiedliche Garzeit des Gemüses ist abhängig von der Gemüsesorte und der Größe der Stücke.
In Asien ist es eine von guten Köchinnen und guten Köchen wohlverstandene Kunst, verschiedene Gemüsesorten gleichzeitig bissfest zu dämpfen.

Dabei kommt es primär auf die Schnittgröße der Gemüsestücke an. Werden fester kochende Karotten (Möhren) in schmale Scheiben geschnitten, so werden hingegen die Erdäpfel (Kartoffeln) grob gewürfelt und der Fenchel wird geviertelt, wenn sie in etwa gleichzeitig fertig sein sollen.

Auch die gewünschte Konsistenz spielt dabei eine große Rolle. Manches soll weicher zubereitet werden, damit das Pürieren (für Suppen, Saucen, Babybreie) leichter fällt. Nach dem Dämpfen können Sie etwas Salz dazugeben.

Portionsmengen als Beilage

Für Babys und kleinere Kinder rechnen Sie ca. 100 bis 150 g Gemüse, für Erwachsene ca. 220 g.

Würztipp:
Legen Sie frische Kräuter der Saison, z. B. Rosmarin, Thymian oder Estragon im Ganzen auf das Gemüse. So nimmt das Gemüse den Geschmack an.
Die Gewürze selbst lassen sich nach dem Dämpfen wieder leicht entfernen.

NOTIZEN

Klare Gemüsesuppe

Menge für 2 Kinder und 2 Erwachsene
für Kinderköche geeignet
auf Vorrat

1/2 l	**Wasser**
2	**Bund Wurzelwerk** (z. B. Petersilienwurzeln, Lauch / Porree, Gelbe Rüben, Zeller / Sellerie, Karotten / Möhren)
	etwas Salz
3 EL	**Liebstöckel (Maggikraut)**
5	**Pfefferkörner, ganz**
1	**Lorbeerblatt**
2	**Knoblauchzehen,** geschält **Kräuter** der Saison, gehackt (evtl.)

Waschen und putzen Sie das Gemüse. Schneiden Sie es in ca. 4 cm lange Stücke, den Sellerie in grobe Würfel. Legen Sie es in einen ungelochten Garbehälter und geben Sie das Wasser, etwas Salz und die Gewürze dazu. Dämpfen Sie anschließend das Gemüse bei 100 °C ca. 50 Minuten.

Das Gemüse soll lange kochen, damit die klare Gemüsesuppe ausreichend Geschmack bekommt.

Nach dem Garen gießen Sie die Suppe in eine Schüssel oder in einen Topf.

Servieren Sie sie mit verschiedenen Einlagen, z. B. Backerbsen, Frittaten (Fädle), gekochtem (Vollkorn)reis oder gekochten Nudeln.

Bestreuen Sie die Suppe zum Schluss mit Kräutern der Saison (z. B. Schnittlauch, Petersilie, Koriander, Liebstöckel / Maggikraut).

Tipp „Kettenkochen":
Kleingeschnittene Nudelreste und Reis vom Vortag lassen sich hier wunderbar als Suppeneinlage verwenden.

NOTIZEN

_____

_____

_____

_____

_____

_____

_____

_____

_____

_____

_____

Gebundene Gemüsesuppe

Menge für 2 Kinder und 2 Erwachsene
für Kinderköche geeignet
auf Vorrat

3/8 l	**Wasser**
600 g	**Gemüse** (z. B. Kürbis, Zeller / Sellerie, Karotten / Möhren, Spargel oder Brokkoli)
	etwas Salz
1 EL	**Sauerrahm (Saure Sahne) oder Schlagobers (Schlagsahne)**
	Kräuter der Saison, gehackt (evtl.)
	Mandelsplitter (evtl.)
	Croutons (evtl.)

Waschen und putzen Sie das Gemüse. Schneiden Sie es in ca. 2 bis 3 cm große Stücke.
Legen Sie es in einen ungelochten Garbehälter und geben Sie das Wasser und etwas Salz dazu. Dämpfen Sie das Gemüse je nach Sorte bei 100 °C für 10 bis 20 Minuten.

Spargel, Sellerie und Kürbis benötigen 10 Minuten, härtere Sorten, wie z. B. Brokkoli oder Karotten (Möhren), 20 Minuten, damit man diese gut pürieren kann.
Danach geben Sie den Sauerrahm (die Saure Sahne) oder das Schlagobers (die Schlagsahne) dazu und pürieren alles fein mit einem Pürierstab oder mit dem Mixaufsatz der Küchenmaschine.

Bestreuen Sie die fertige Gemüsesuppe vor dem Servieren mit gehackten Kräutern (z. B. Schnittlauch, Petersilie, Koriander, Liebstöckel / Maggikraut), mit Mandelsplittern oder Croutons.

Croutons:
Entfernen Sie die Rinde von einer Scheibe Brot. Schneiden Sie dieses in kleine Würfel. Rösten Sie es mit wenig Fett in einer Pfanne, bis die Brotwürfel leicht gebräunt und knusprig sind.
Diese Suppeneinlage eignet sich gut zur Verwertung von älterem Brot oder von alten Semmeln (Brötchen).

NOTIZEN

_____

_____

_____

_____

_____

_____

_____

_____

_____

_____

Paradeissauce (Tomatensauce)

Menge für 2 Kinder und 2 Erwachsene
für Babys geeignet
vorbereitbar

4	**Paradeiser (Tomaten),** groß, reif
1/2 TL	**Oregano,** getrocknet
	etwas Zimt (evtl.)
	etwas Salz (evtl.)
1 TL	**Mehl,** zum Stauben

Waschen Sie die Paradeiser (Tomaten) und entfernen Sie den Strunk. Vierteln Sie die Paradeiser und legen Sie diese in einen ungelochten Garbehälter. Bestreuen Sie sie mit Oregano und Zimt. Dämpfen Sie die Paradeiser bei 100 °C im Dampfgarer 20 Minuten lang.

Passieren Sie die Paradeiser durch ein Sieb und salzen Sie sie eventuell etwas. Gießen Sie die Paradeissauce nochmals in den ungelochten Garbehälter.

Geben Sie das Mehl in ein kleines Sieb und bestreuen Sie damit die Tomatensauce. Rühren Sie das Mehl unter und dämpfen Sie die Sauce nochmals bei 100 °C über 3 Minuten.

Variation

Wenn Ihr Kind Gemüsestücke in der Sauce mag, können Sie noch sehr klein geschnittene Zellerwürfel (Selleriewürfel) und Karotten (Möhren) zu den Paradeisstückchen dazugeben. Dann wird die Sauce nicht mehr passiert. Sie eignet sich gut als Sugo zu Nudeln.

Zimt als Gewürz
In vielen Paradeisgerichten rundet Zimt den Geschmack ab und nimmt dem Paradeiser etwas von seiner Säure.
Zimt wird in der chinesischen Kräuterlehre gerne auch bei Depressionen eingesetzt. Kein Wunder also, dass in der dunklen Zeit um Weihnachten viele Zimtkekse (-plätzchen) beliebt sind.
Nicht beim herkömmlichen Würzen, aber bei (chinesischen) Kräutergaben mit viel Zimt ist Vorsicht geboten, wenn Sie schwanger sind.
Große Mengen an Zimt können nämlich wehenauslösende Wirkung haben.

NOTIZEN

Reis

Menge für 2 Kinder und 2 Erwachsene
für Babys geeignet

150 g	**(Vollkorn)reis**
150 ml	**Wasser**
	etwas Salz (evtl.)

Geben Sie die entsprechende Menge Reis in einen Garbehälter ohne Lochung und fügen Sie die gleiche Menge an Wasser zu.

Dämpfen Sie den geschälten Reis bei 100 °C im Dampfgarer 25 Minuten lang, Vollkornreis braucht 45 Minuten lang. Falls Sie einen „10-Minuten-Reis" verwenden, dämpfen Sie ihn 12 Minuten.

Sie können den Reis je nach Geschmack noch mit etwas Salz würzen.

Portionsmengen

Für kleinere Kinder und Babys rechnen Sie ca. 20 bis 40 g rohen Reis, für Erwachsene als Beilage ca. 40 bis 60 g rohen Reis; als Hauptspeise (z. B. Risotto) ca. 80 bis 100 g rohen Reis pro Person.

Tipp:
Wenn Sie immer eine gleichbleibende Menge Reis für die Familie zubereiten, dann unterstützt Sie Ihr persönlicher Messbecher:
Wiegen Sie z. B. die benötigte Menge für 2 Erwachsene und 2 Kinder ab.
Machen Sie die Probe aufs Exempel und überprüfen Sie, ob zu viel oder zu wenig Reis gekocht wurde.
Nehmen Sie anschließend einen (Mess)becher oder ein Glas und markieren Sie mit einem wasserfesten Stift außen die nochmals abgemessene und an den Hunger der Familie angepasste Menge.
Sie können auch eine vielfache, z. B. die doppelte Menge markieren, um für die nächste Mahlzeit vorgesorgt zu haben und um sich durch das „Kettenkochen" Zeit zu ersparen.

NOTIZEN

Amaranth

Menge für 2 Kinder und 2 Erwachsene

150 g	Amaranth
300 ml	Wasser
	etwas Salz (evtl.)

Geben Sie die entsprechende Menge Amaranth in einen Garbehälter ohne Lochung und fügen Sie die doppelte Menge an Wasser hinzu.
Dämpfen Sie den Amaranth bei 100 °C für 30 Minuten.
Sie können den Amaranth je nach Geschmack noch etwas salzen.

Portionsmengen
Für kleinere Kinder rechnen Sie ca. 4 EL rohen Amaranth, für Erwachsene als Beilage ca. 40 bis 50 g rohen Amaranth pro Person.

> **Info:**
> *Amaranth und Hirse zählen zu den eisenreichen Beilagen. Sie sind also gerade in einer vegetarischen Ernährung neben Quinoa und Hafer von großer Bedeutung.*
> *Im Kleinkindalter können sowohl Quinoa als auch Amaranth bedenkenlos angeboten werden.*
> *Hirse soll bis zum 10. Lebensmonat nur in der aufbereiteten Form von Baby-Hirseflocken zum Einsatz kommen.*

Hirse

Menge für 2 Kinder und 2 Erwachsene
für Babys geeignet
ab 10. Monat

180 g	Hirse
270 ml	Wasser
	etwas Salz (evtl.)

Waschen Sie die Hirse 6- bis 7-mal heiß. Geben Sie die Hirse anschließend in einen Garbehälter ohne Lochung und fügen Sie noch eineinhalbmal so viel Wasser dazu.
Dämpfen Sie die Hirse bei 100 °C 20 Minuten.

Sie können die Hirse, wenn Sie sie als Beilage oder pikantes Gericht verwenden wollen, noch mit etwas Salz würzen.

Portionsmengen
Für Babys und kleinere Kinder rechnen Sie ca. 2 bis 4 EL rohe Hirse, für Erwachsene als Beilage ca. 60 g rohe Hirse, als Hauptspeise (z. B. Gemüsehirse) ca. 80 g rohe Hirse pro Person.

NOTIZEN

Bulgur

Menge für 2 Kinder und 2 Erwachsene
für Babys geeignet

120 g	Bulgur
240 ml	Wasser
	etwas Salz (evtl.)

Geben Sie die entsprechende Menge Bulgur in einen Garbehälter ohne Lochung und fügen Sie die doppelte Menge an Wasser dazu.
Dämpfen Sie den Bulgur bei 100 °C etwa 20 Minuten lang.
Sie können den Bulgur je nach Geschmack noch ein wenig salzen.

Möchten Sie den Bulgur etwas weicher, dann gießen Sie ein bisschen mehr Wasser zur Garflüssigkeit.

Portionsmengen
Für kleinere Kinder und Babys rechnen Sie ca. 2 bis 4 EL rohen Bulgur, für Erwachsene als Beilage ca. 40 g rohen Bulgur; als Hauptspeise (z. B. als Gemüsebulgur) ca. 80 g rohen Bulgur pro Person.

Emmer

Menge für 2 Kinder und 2 Erwachsene
für Babys geeignet

150 g	Emmer
190 g	Wasser
	etwas Salz (evtl.)

Geben Sie die entsprechende Menge Emmer in einen Garbehälter ohne Lochung und fügen Sie noch eineinviertelmal so viel Wasser dazu.
Dämpfen Sie den Emmer bei 100 °C etwa 30 Minuten lang.

Sie können den Emmer je nach Geschmack noch mit etwas Salz würzen.

Portionsmengen
Für kleinere Kinder und Babys rechnen Sie ca. 2 bis 4 EL rohen Emmer, für Erwachsene als Beilage ca. 40 bis 60 g rohen Emmer; als Hauptspeise (z. B. Risotto) ca. 80 bis 100 g rohen Emmer pro Person.

> **Info:**
> *Emmer, Triticum dicoccum, gehört zur Familie der Weizen (Triticum) und hat einen leicht herben, würzigen Geschmack. Verwenden können Sie Emmer wie Reis. Besonders für Risotto ist Emmer eine willkommene Abwechslung.*

NOTIZEN

_____

_____

_____

_____

_____

_____

_____

_____

_____

_____

Semmelrolle – Semmelknödel

*Menge für 1 Semmelrolle oder 6 kleine
Knödel (Klößchen)
vorbereitbar
ein Klassiker*

200 g	**Semmelwürfel (Würfel aus Brötchen)**, getrocknet
1/8 l	**Milch**
1	**Ei**
1 EL	**Rapsöl**
	etwas Salz
	etwas Muskat
2 EL	**Petersilie,** gehackt
	Pflanzenöl, für die Form

Geben Sie alle Zutaten in eine Schüssel und vermengen Sie alles. Lassen Sie die Masse 60 Minuten rasten, damit sich die Semmelwürfel gut anfeuchten.
Dann kneten Sie die Masse mit der Hand gut durch und formen daraus eine Rolle (oder Semmelknödel).

Geben Sie etwas Pflanzenöl (z. B. Rapsöl) auf ein Küchenpapier und fetten Sie damit einen gelochten Garbehälter gut ein.

Legen Sie die Rolle hinein und dämpfen Sie sie bei 100 °C für 20 Minuten. Knödel (Klöße) dauern etwas kürzer, nur ca. 10 Minuten.

Schneiden Sie die Semmelrolle danach in Scheiben und servieren Sie diese als Beilage, z. B. zu Saftfleisch mit Erbsen.

Info:
Bei der herkömmlichen Zubereitung von Serviettenknödeln wird eine solche Semmelrolle in einem Stofftuch eingeschlagen gekocht. Sie wird zu Rotkraut (Blaukraut, Rotkohl) und Ente serviert.
Semmelknödel sind traditionell beliebt zu Schweinebraten und Sauerkraut. Sie passen aber ebenfalls gut zu einem Linsengericht oder auch zu einer Champignonsauce.

NOTIZEN

Nudeln

Menge für 2 Kinder und 2 Erwachsene
für Babys geeignet

180 g	**Nudeln** (z. B. Spaghetti, Spiralnudeln etc.)
	Wasser, benötigte Menge
	etwas Salz (evtl.)

Geben Sie die gewünschte Menge Nudeln in einen Garbehälter ohne Lochung. Füllen Sie mit so viel Wasser auf, dass die Nudeln gerade bedeckt sind.

Dämpfen Sie die Nudeln bei 100 °C im Dampfgarer 12 Minuten lang. Gießen Sie das restliche Wasser nach dem Dämpfen ab.

Für Kinder nach dem 1. Lebensjahr und für Erwachsene können Sie die Nudeln je nach Geschmack noch mit etwas Salz würzen.

Portionsmengen

Für kleinere Kinder und Babys rechnen Sie ca. 25 bis 30 g rohe Nudeln, für Erwachsene als Beilage ca. 50 bis 70 g rohe Nudeln, als Hauptspeise ca. 80 bis 100 g rohe Nudeln pro Person.

Info:
Die Gardauer ist von der verwendeten Nudelsorte abhängig. Im Schnitt sind 12 Minuten passend.
Suppennudeln sind bedeutend schneller gar, während „Mascherl-Nudeln" aufgrund der Dicke in der Mitte normalerweise etwas länger dauern. Frische, selbstzubereitete Teigwaren sind in der Regel schneller fertig.

NOTIZEN

Erdäpfel (Kartoffeln) mit Schale

Menge für 2 Kinder und 2 Erwachsene
für Babys geeignet

600 g   Erdäpfel (Kartoffeln)

Waschen Sie die Erdäpfel (Kartoffeln) und geben Sie die gewünschte Menge in einen gelochten Garbehälter. Dämpfen Sie die Erdäpfel bei 100 °C je nach Größe ca. 40 Minuten. Lassen Sie die Erdäpfel kurz auskühlen. Schälen Sie diese dann und verarbeiten Sie die geschälten Erdäpfel weiter, z. B. zu Kartoffelzweckerln, Kartoffelknödeln, Röstkartoffeln, Kartoffelschmarrn und zu vielem mehr.

Erdäpfel (Kartoffeln) ohne Schale

Menge für 2 Kinder und 2 Erwachsene
für Babys geeignet

600 g   Erdäpfel (Kartoffeln)

Schälen Sie die Erdäpfel (Kartoffeln), waschen Sie sie und zerteilen Sie sie eventuell. Geben Sie die Erdäpfel in einen gelochten Garbehälter. Dämpfen Sie die Erdäpfel bei 100 °C je nach Schnittgröße unterschiedlich lange.

Erdäpfel im Ganzen benötigen je nach Größe ca. 40 Minuten im Dampfgarer. Geviertelte bzw. geachtelte Erdäpfel oder Kartoffelwürfel brauchen je nach Größe ca. 15 bis 20 Minuten.

Portionsmengen

Für kleinere Kinder und Babys rechnen Sie ca. 60 bis 100 g Kartoffeln, für Erwachsene als Beilage ca. 180 bis 200 g.

Info:
Da Dämpfen eine so schonende Art der Zubereitung ist, sind auch geschälte Kartoffeln eine wertvolle Beilage.
Mit gehackter Petersilie und etwas Butter lassen sich geschmacklich hervorragende Petersilerdäpfel zaubern.

NOTIZEN

_____
_____
_____
_____
_____
_____
_____
_____
_____
_____
_____

Erdäpfelpüree (Kartoffelpüree)

Menge für 2 Kinder und 2 Erwachsene
ein Klassiker

600 g	**Erdäpfel (Kartoffeln),** mehlig
150 ml	**Milch**
1 EL	**Rapsöl**
	etwas Salz
	etwas Muskat
	Kräuter der Saison (evtl.), gehackt

Schälen Sie die Erdäpfel (Kartoffeln), am besten mehlige „Püree-Erdäpfel". Waschen und schneiden Sie sie würfelig. Geben Sie die gesamte Menge an Erdäpfeln mit 150 ml Milch in einen Garbehälter ohne Lochung.
Dämpfen Sie die Erdäpfel bei 100 °C je nach Sorte 15 bis 20 Minuten.
Geben Sie dann beides und 1 EL Rapsöl in eine Schüssel und zerdrücken Sie alles mit einem Kartoffelstampfer zu feinem Püree.
Würzen Sie nach Geschmack noch mit etwas Salz, Muskat und eventuell mit frischen, gehackten Kräutern.

Portionsmengen
Für kleinere Kinder und Babys rechnen Sie ca. 60 bis 100 g Erdäpfel, für Erwachsene als Beilage ca. 180 bis 200 g.

NOTIZEN

Erdäpfelzweckerln (Gnocchi)

*Menge für 4 Kinder und 2 Erwachsene
etwas Besonderes*

1 kg	**Erdäpfel (Kartoffeln),** mehlig
200 g	**Mehl**
1	**Ei**
	etwas Salz
	Pflanzenöl, für die Form

Waschen Sie die Erdäpfel (Kartoffeln) und legen Sie diese in einen gelochten Garbehälter.
Dämpfen Sie sie bei 100 °C je nach Größe ca. 40 Minuten.

Lassen Sie die Erdäpfel kurz auskühlen und schälen Sie diese dann.
Geben Sie Mehl, Ei und Salz dazu und verarbeiten Sie alles – am besten mit den Händen – zu einem geschmeidigen Teig.

Formen Sie aus dem Teig eine Rolle von ca. 3 cm Durchmesser. Halbieren Sie diese der Länge nach und stechen Sie mit einem Messer Zweckerln in ca. 2 cm Breite ab. Legen Sie die Zweckerln auf ein bemehltes Geschirrtuch.

Ölen Sie einen gelochten Garbehälter mit etwas Pflanzenöl (z. B. Rapsöl) ein – am besten mit einem Stück Küchenkrepp oder einem Pinsel) und legen Sie die Zweckerln locker in den Garbehälter.
Dämpfen Sie die Zweckerln bei 100 °C im Dampfgarer 3 Minuten lang.

Tipp:
Erdäpfelzweckerln eignen sich gut als Beilage, z. B. zu den Rindsrouladen. Sie können sie wie „Gnocchi" in Butter mit gehacktem Salbei oder Basilikum schwenken.

NOTIZEN

Maroni (Esskastanie)

Menge für 2 Kinder und 2 Erwachsene
für Babys geeignet
vorbereitbar

500 g   Maroni (Esskastanien)

Schneiden Sie die Maroni mit einem Messer quer ein. Legen Sie die Maroni in einen Garbehälter mit Lochung und dämpfen Sie sie je nach Größe bei 100 °C für ca. 10 Minuten.

Für die „Zwiebackknödel mit Apfel-Maronikompott" (Seite 98) oder für die Fülle von Geflügel schälen Sie die gegarten Maroni und verarbeiten Sie diese weiter.

Für gebratene Maroni legen Sie die gegarten Maroni auf ein Backblech und geben Sie diese für weitere 15 Minuten bei 200 °C ins Backrohr.

Einkauf

Achten Sie beim Einkauf darauf, nur schwere, feste Maroni zu kaufen, deren Schale glatt und glänzend ist.
Diese können gekühlt 3 Wochen aufbewahrt werden. Ein einfacher Test hilft verdorbene Maroni auszusortieren: Im Wasser schwimmen wurmstichige Maroni an der Oberfläche.

Herbstspezialität
Früher galt die Maroni (Esskastanie) als „Kartoffel des Südens" oder als „Brot der Armen".
Maroni zählen zu den Nüssen und sind nicht mit den Rosskastanien, sondern mit den Eichen und Buchen botanisch verwandt.
Mit 50 % Wassergehalt und nur 2 % Fett zählen Sie zu den kohlenhydrat- und ballaststoffreichen Zwischenmahlzeiten.
Sie enthalten nur etwa halb so viele Kalorien wie Haselnüsse, Mandeln, Walnüsse oder Sonnenblumenkerne, aber viel Kalium und Magnesium und die Vitamine Niacin, B1, B2, B6, C und E.
Schon Hildegard von Bingen meinte, die Maroni wirke gegen jede Art von Schwäche des Menschen.
Maroni sind glutenfrei und können auch bei Zöliakie genossen werden.

NOTIZEN

Beeren entsaften

für Babys geeignet
vorbereitbar

500 g **Beeren** der Saison

Waschen Sie die Beeren und entfernen Sie die Blätter etc. Legen Sie die Beeren in einen gelochten Garbehälter. Geben Sie einen ungelochten Behälter darunter und dämpfen Sie die Beeren bei 100 °C im Dampfgarer 50 Minuten lang.
Streichen Sie die gedämpften Beeren noch etwas durch die Lochung und verarbeiten Sie den Saft dann weiter.

Variation

Sie können nicht nur übriggebliebene Brombeeren, Erdbeeren, Himbeeren, Heidelbeeren, Preiselbeeren, sondern natürlich auch Weintrauben dazu verwenden.

> *Tipp:*
> *Wenn Sie möchten, verarbeiten Sie den Saft zu selbstgekochtem Gelee. Kochen Sie ihn dazu mit 3:1 Gelierzucker ein.*
> *Eine andere Alternative ist es, den Saft mit etwas Zucker als Dicksaft einzukochen.*
>
> *Achten Sie auf sauber ausgewaschene Gläser bzw. Flaschen und sterile Deckel.*

NOTIZEN

Apfelmus

Menge für 2 Kinder und 2 Erwachsene
für Babys geeignet
vorbereitbar

4	**Äpfel**
	etwas Zimt oder
	Nelkenpulver
	etwas Zitronensaft (evtl.)

Vierteln Sie die Äpfel, schälen Sie diese und entfernen Sie das Kerngehäuse. Schneiden Sie die Apfelstücke in kleinere Stücke (ca. 2 cm) und legen Sie diese dann in einen ungelochten Garbehälter.
Dämpfen Sie die Apfelstücke bei 100 °C im Dampfgarer 10 Minuten lang.

Geben Sie die gedämpften Apfelstücke anschließend in eine Schüssel. Pürieren Sie die Apfelstücke.
Zur Verfeinerung können Sie noch etwas Zimt oder Nelkenpulver und ein wenig Zitronensaft zufügen.

> **Tipp:**
> *Apfelmus ist Bestandteil von unserem beliebten Apfel-Tiramisu.*
> *Sie finden das Rezept, das auch von Kindern leicht zubereitet werden kann, in unserem Buch „Coole Rezepte für zwischendurch", ☞ „Unsere Bücher" Seite 110.*

NOTIZEN

_____

_____

_____

_____

_____

_____

_____

_____

_____

_____

_____

Apfelkompott

Menge für 2 Kinder und 2 Erwachsene
für Babys geeignet
vorbereitbar

4	**Äpfel**
1/16 l	**Wasser**
3	**Nelken,** ganz
1 EL	**Zitronensaft** (evtl.)

Vierteln Sie die Äpfel, schälen Sie diese und entfernen Sie das Kerngehäuse. Schneiden Sie die Apfelstücke je nach Belieben in dünne oder dicke Spalten und legen Sie diese in einen ungelochten Garbehälter.

Geben Sie ca. 1/16 l Wasser und die Nelken dazu und garen Sie alles bei 100 °C im Dampfgarer 10 Minuten lang.

Entfernen Sie anschließend die Nelken und geben Sie eventuell noch 1 EL Zitronensaft dazu, wenn die Äpfel sehr süß oder mehlig sind.

> **Tipp:**
> *Kleine oder größere Mengen an Fallobst lassen sich mit Hilfe des Dampfgarers bequem zu Apfelmus oder Apfelkompott verarbeiten.*
> *Bei reifen, süßen Äpfeln kommt man gänzlich ohne die Zugabe von Zucker oder eines anderen Süßungsmittels aus. Man erhält auf diese Weise ein erfrischendes und kalorienarmes Dessert.*

NOTIZEN

FLEISCH-REZEPTE

Saftfleisch mit Erbsen

Menge für 2 Kinder und 2 Erwachsene
vorbereitbar
auf Vorrat

350 g	**BIO-Rindfleisch** (mageres Gulaschfleisch)
2	**Zwiebeln** **etwas Salz**
1 TL	**Majoran,** getrocknet
1/4 l	**Wasser**
1 TL	**Weizen(vollkorn)mehl** **etwas Wasser,** zum Anrühren
400 g	**Erbsen,** TK

Waschen Sie das Rindfleisch und schneiden Sie es anschließend in ca. 3 cm große Stücke. Schälen Sie die Zwiebeln und schneiden Sie sie fein.

Legen Sie Fleisch und Zwiebeln in eine ungelochte Garschale und geben Sie Salz und Majoran dazu.
Fügen Sie das Wasser hinzu und dämpfen Sie alles bei 100 °C im Dampfgarer 75 Minuten.

Rühren Sie das Mehl mit etwas Wasser glatt und vermengen Sie es dann mit dem Saftfleisch. Dämpfen Sie alles weitere 3 Minuten.

Geben Sie die Erbsen in eine gelochte Garschale und dämpfen Sie sie anschließend 5 Minuten bei 100 °C

Dazu passt unsere nach dem Grundrezept von Seite 50 zubereitete Semmelrolle.

Variation
Statt der Erbsen können Sie natürlich auch jedes andere Gemüse verwenden, z. B. Fisolen (grüne Bohnen), in Streifen geschnittenen Fenchel oder auch würfelig geschnittene Karotten (Möhren).

Info:
Rindfleisch braucht je nach Qualität unterschiedlich lang, um wirklich weich zu werden. Oft wird der Fehler gemacht, das Fleisch zu kurz zu garen.

NOTIZEN

_____

_____

_____

_____

_____

_____

_____

_____

_____

_____

Salbeihühnerschnitzel mit Gemüsehirse

Menge für 2 Kinder und 2 Erwachsene
etwas Besonderes
kalorienreduziert

3 – 4	**Hühnerschnitzel,** ca. 450 g
	etwas Salz
	etwas Pfeffer
1 TL	**Tomatenmark**
3	**Salbeiblätter**
150 g	**Hirse**
220 ml	**Wasser**
1	**Lorbeerblatt**
	etwas Salz
350 g	**gemischtes Gemüse** , TK

Waschen Sie die Hühnerschnitzel und tupfen Sie sie mit einem Stück Küchenkrepp trocken. Sollten die Hühnerschnitzel sehr dick sein, klopfen Sie sie auf ca. 2 cm Stärke.

Salzen und pfeffern Sie die Schnitzel und verteilen Sie das Tomatenmark dünn darauf. Geben sie je 1 Blatt Salbei auf ein Schnitzel.

Legen Sie die Hühnerschnitzel in einen gelochten Garbehälter und dämpfen Sie sie bei 100 °C im Dampfgarer 15 Minuten lang.
Vor dem Servieren entfernen Sie die Salbeiblätter.

Waschen Sie die Hirse 6- bis 7-mal mit heißem Wasser. Geben Sie sie dann in einen ungelochten Garbehälter und fügen Sie Wasser und Gewürze zu.

Dämpfen Sie die Hirse bei 100 °C im Dampfgarer 15 Minuten lang. Geben Sie die Tiefkühl-Gemüsemischung Ihrer Wahl zur Hirse. Dämpfen Sie alles gemeinsam noch weitere 5 Minuten.

Dazu passen Blattsalate, Gurkensalat oder Karottensalat (Möhrensalat).

Familientisch

Für Liebhaber des scharfen Geschmacks passt folgende Salsasauce gut zur Gemüsehirse:
Waschen Sie 2 Paradeiser (Tomaten) und entfernen Sie den Strunk und halbieren Sie sie. Entfernen Sie die Kerne und schneiden Sie die Paradeiser fein würfelig. Schälen Sie eine Knoblauchzehe und eine Schalotte und schneiden Sie sie in sehr feine Würfel (Knoblauch eventuell auch pressen).

Waschen Sie eine eher milde Chilischote, halbieren Sie sie und entfernen Sie die Kerne. Schneiden Sie die Chilischoten in feine Streifen. Vermengen Sie alles mit 1 EL Petersilie, 1/2 TL Zucker, einer Prise Salz und etwas Zitronensaft.
Wenn Sie nur mäßig scharfe Pfefferoni statt der Chilis wählen, schmeckt die Sauce auch älteren Kindern.

NOTIZEN

Rindsrouladen mit glacierten Karotten (Möhren)

Menge für 2 Kinder und 2 Erwachsene
ein Klassiker
vorbereitbar

3 – 4	Rindfleischschnitzel für Rouladen, ca. 450 g
2 TL	Senf
6	Mangoldblätter
3/2 Stk	Karotten (Möhren)
	etwas Salz
	etwas Pfeffer
2 EL	Rapsöl, zum Braten
1/4 l	Wasser, zum Ablöschen
1	Lorbeerblatt
1	Nelke
	Zahnstocher
1 EL	Mehl
	etwas Wasser
1 TL	Sauerrahm (Saure Sahne)
	etwas Senf
600 g	Karotten (Möhren)
1 EL	Rapsöl
1 EL	Zucker

Waschen Sie das Rindfleisch. Tupfen Sie es mit Küchenkrepp trocken und verteilen Sie den Senf auf den 3 Rouladen.

Waschen Sie die Mangoldblätter, entfernen Sie die Mittelrippe und dämpfen Sie die Blätter in einer gelochten Garschale bei 100 °C für 2 Minuten.

Spülen Sie die Blätter kurz unter kaltem Wasser ab, tupfen sie sie mit einem Stück Küchenkrepp trocken und legen Sie jeweils 2 Blätter auf eine Rindsroulade.
Schlagen Sie die Ränder des Mangolds ein, wenn die Blätter zu groß sind.

Putzen Sie die 3 halbe Karotten (Möhren) für die Rouladen. Schneiden Sie sie dann der Länge nach in 4 Streifen. Legen Sie je 4 Streifen in die Mitte der Mangoldblätter.
Rollen Sie die Rindsrouladen ein und fixieren Sie sie mit Zahnstochern. Salzen und pfeffern Sie die Rouladen.

Erhitzen Sie das Rapsöl in einer Pfanne und braten Sie die Rouladen von allen Seiten an. Legen Sie sie dann in eine ungelochte Garschale.

Löschen Sie den Bratenrückstand mit Wasser ab und geben Sie ihn zu den Rouladen. Danach fügen Sie noch 1 Lorbeerblatt und 1 Nelke hinzu. Dämpfen Sie alles bei 100 °C im Dampfgarer 50 Minuten lang. Stellen Sie die Rouladen kurz warm.

Gießen Sie den Saft in einen Topf und lassen Sie ihn aufkochen. Verrühren Sie Mehl und etwas Wasser gut miteinander und rühren Sie das Gemisch in den Saft ein. Schmecken Sie die Sauce eventuell noch mit 1 TL Sauerrahm und etwas Senf ab.

Putzen und schälen Sie die 600 g Karotten (Möhren). Schneiden Sie diese

in ca. 3 cm lange Stücke. Legen Sie die Stücke in eine gelochte Garschale und dämpfen Sie sie bei 100 °C im Dampfgarer 15 Minuten lang.

Erhitzen Sie das Rapsöl in einer Pfanne und geben Sie den Zucker dazu. Lassen Sie den Zucker unter Rühren karamellisieren. Achtung, das Öl-Zucker-Gemisch wird sehr heiß und sollte nicht anfangen zu rauchen!

Geben Sie die Karotten dazu und schwenken Sie diese so lange, bis alle Karotten einen leichten Karamellüberzug haben. Dazu passen Kartoffelzweckerln, siehe Seite 58.

Variation

Probieren Sie einmal glacierte Radieschen. Radieschen putzen, je nach Größe halbieren, in einer gelochten Garschale bei 100 °C im Dampfgarer 8 Minuten dämpfen und dann in der Pfanne wie die Karotten glacieren.

Tafelspitz mit Röstkartoffeln und Schnittlauchsauce

Menge für 2 Kinder und 2 Erwachsene
ein Klassiker

800 g	**Tafelspitz** (mageres Rind-fleisch aus der Oberschale)
1/4 l	**Wasser**
1	**Lorbeerblatt**
8	**Pfefferkörner**
8	**Neugewürzkörner (Piment)** etwas Salz
1	**Bund Wurzelwerk** (Gelbe Rüben, Lauch / Porree, Zeller / Sellerie, Petersilie)
3	**Karotten (Möhren)**
600 g	**Erdäpfel (Kartoffeln)**
2 EL	**Rapsöl,** zum Binden etwas Salz etwas Pfeffer
2	**Bund Schnittlauch**
200 g	**Joghurt,** natur, 3,6 %
200 g	**Sauerrahm (Saure Sahne)** etwas Salz etwas Pfeffer

Waschen Sie den Tafelspitz und legen Sie ihn in eine ungelochte Garschale. Geben Sie das Wasser und die Gewürze dazu und dämpfen Sie ihn bei 100 °C im Dampfgarer 55 Minuten lang.
Putzen und schälen Sie das Wurzelwerk (Suppengrün) und die Karotten (Möhren) und schneiden Sie beides in grobe Stücke. Geben Sie das Gemüse nach dem Dämpfen zum Fleisch in die Garschale und dämpfen Sie alles wei-

tere 15 Minuten. Sie erhalten neben dem Tafelspitz dann ca. 1/2 l Suppe.
Bereiten Sie die Erdäpfel (Kartoffeln) mit der Schale nach dem Grundrezept von Seite 54 zu und schälen Sie sie danach. Schneiden Sie die Erdäpfel (Kartoffeln) in Scheiben. Erhitzen Sie das Öl in einer Pfanne und braten Sie die Erdäpfel mit Salz und Pfeffer.
Wenn sich die Kruste der Erdäpfel an den Pfannenboden anlegt, können Sie diese in den letzten 5 Minuten mit einem Deckel zudecken. Dadurch löst sich die Kruste vom Pfannenboden.

Für die Sauce waschen Sie den Schnittlauch und schneiden Sie ihn fein. Verrühren Sie alle weiteren Zutaten einfach miteinander.
Servieren Sie zuerst die Suppe und dann den in Scheiben geschnittenen Tafelspitz mit Röstkartoffeln und Schnittlauchsauce.

Tipp:
Es lohnt sich, Tafelspitz in größerer Menge zuzubereiten. Sie können den Rest tieffrieren und anschließend wieder im Dampfgarer erwärmen.
Oder Sie praktizieren das „Kettenkochen" und bereiten aus dem Rest einen wohlschmeckenden Rindfleischsalat mit Käferbohnen und Kernöl zu.

NOTIZEN

FISCH-REZEPTE

Fischsuppe

Menge für 2 Kinder und 2 Erwachsene
vielseitig & rasch

300 g	**Fischfilet,** z. B. Zander
1	**Bund Wurzelwerk**
	(Lauch / Porree, Petersilie, Gelbe Rüben, Karotten / Möhren, Zeller / Sellerie)
2	**Fleischtomaten**
400 g	**Erdäpfel (Kartoffeln),** mehlig
150 g	**Erbsen,** TK
500 ml	**Fischfonds oder Gemüsebrühe**
1	**Bund Thymian**
1	**Stange Rosmarin**
	etwas Safran

Waschen Sie das Fischfilet und tupfen Sie es mit Küchenkrepp trocken. Befreien Sie den Zander (oder Seelachs) von eventuellen Gräten. Mit einer Pinzette geht dies einfach. Teilen Sie den Fisch in ca. 4 cm große Stücke.
Schneiden Sie das Wurzelwerk nach dem Schälen in ca. 1 cm große Würfel. Den Lauch verarbeiten Sie zu feinen Streifen.

Waschen Sie die Fleischtomaten und entfernen Sie den Strunk. Schälen Sie die Erdäpfel (Kartoffeln) und schneiden Sie beides kleinwürfelig. Legen Sie die Erdäpfeln (Kartoffeln) in eine ungelochte Garschale und dämpfen Sie sie bei 100 °C für 10 Minuten.

Geben Sie das restliche Gemüse anschließend dazu und dämpfen alles weitere 5 Minuten.
Fügen Sie dann den Fischfonds, die Kräuterzweige und den Safran hinzu. Legen Sie die Fischstücke nun ebenfalls in die Garschale und dämpfen Sie alles bei 90 °C nochmals 10 Minuten.
Entfernen Sie nach dem Garen die Kräuter und servieren Sie Brot zur Fischsuppe.

Familientisch

Für ältere Kinder oder Erwachsene können Sie der Suppe etwas Schärfe verleihen.
Waschen Sie eine Chilischote (oder nehmen Sie für jüngere Kinder einen grünen, milden Pfefferoni). Halbieren Sie die Chilischote und entfernen Sie die Kerne. Schneiden Sie jene in feine Streifen. Bestreuen Sie damit die Suppe für die Erwachsenen.

Info:
Sie können heimische Fischfilets bzw. Meeresfisch zur Fischsuppe geben. Achten Sie jedoch auf die Frische!
Der Fisch kann verdorben sein, wenn die Augen nicht mehr klar, sondern grau sind und seine Kiemen von einem dunklen zu einem hellen Rot wechseln.

NOTIZEN

Lachsfilet mit Fenchelgemüse

Menge für 2 Kinder und 2 Erwachsene

3 – 4	**Lachsfilets,** MSC, ca. 450 g
	etwas Salz
	etwas Pfeffer, bunt, grob gemahlen

| 2 | **Fenchelknollen,** groß |
| 2 EL | **Frischkäse,** natur |

Waschen Sie die Lachsfilets, MSC (siehe Kasten), tupfen Sie diese mit Küchenkrepp trocken und befreien Sie den Fisch von eventuellen Gräten. Mit einer Pinzette geht dies relativ einfach.

Salzen Sie den Fisch und pfeffern Sie die für die Eltern bestimmten Filets. Legen Sie die Fischfilets in einen gelochten Garbehälter.

Waschen und putzen Sie den Fenchel, halbieren Sie ihn und entfernen Sie den Strunk. Schneiden Sie den Fenchel quer in feine Streifen und geben Sie diese in eine gelochte Garschale.

Legen Sie die Lachsfilets neben den Fenchel und dämpfen Sie alles bei 85 °C im Dampfgarer ca. 12 Minuten lang. Die Garzeit verlängert sich, wenn die Lachsfilets dicker sind.

Vermengen Sie anschließend das Fenchelgemüse mit dem Frischkäse.

Dazu passen geachtelte Erdäpfel (Kartoffeln), die ohne Schale nach dem Grundrezept von Seite 54 gegart wurden. Verfeinern Sie sie mit einem Stückchen Butter.

Info:
Achten Sie beim Kauf des Lachses auf das MSC Zeichen (Marine Stuart Ship Council). Es steht für nachhaltigen Fischfang.

Wir haben sowohl Meeresfische als auch heimische Fische für unsere Fischrezepte gewählt, raten aber dazu, wenn möglich, heimischen Fisch (z. B. Alpenlachs) zu bevorzugen.

In unserem Merkblatt über Fisch (www.hanreich-verlag.at) erfahren Sie noch Genaueres zu schwermetallbelasteten Sorten oder zu Fischfanggebieten, die speziell belastet sein können.

NOTIZEN

Kabeljau auf Blattspinat mit Amaranthpudding

Menge für 2 Kinder und 2 Erwachsene
aufwändiger

3 – 4	**Kabeljaufilets,** MSC, ca. 450 g
2 EL	**Mandelblätter**
500 g	**Blattspinat,** TK
	etwas Salz
	etwas Muskat
125 g	**Amaranth**
1/4 l	**Wasser**
1	**Ei**
	etwas Salz
1/4 TL	**Kreuzkümmel**
	etwas Cayennepfeffer
6	**kleine Kaffeetassen** oder
	6 Dariolformen
	Fett und Brösel (Panier-
	mehl), für die Formen

Waschen Sie die Fischfilets, (MSC, siehe Seite 78) und tupfen Sie sie mit einem Küchenkrepp trocken. Befreien Sie den Fisch von eventuellen Gräten. Mit einer Pinzette geht dies recht einfach.
Legen Sie nun 2 Stücke Kabeljau in die rechts unter „Familientisch" beschriebene Marinade und belassen Sie sie darin ca. 30 Minuten.
Tauen Sie in der Zwischenzeit den Spinat kurz an, damit Sie ihn besser in der Garschale verteilen können.
Für den Amaranthpudding geben Sie den Amaranth mit dem Wasser in eine ungelochte Garschale, dämpfen Sie ihn bei 100 °C für 30 Minuten.

Befetten Sie 6 Kaffeetassen, die die Hitze im Dampfgarer aushalten, oder Dariolformen mit etwas Butter oder Margarine und bestreuen Sie sie mit Semmelbröseln (Paniermehl).

Dann vermengen Sie den Amaranth mit dem Ei und den Gewürzen und verteilen die Masse (jeweils 2 EL) auf die Formen und stellen diese in eine Garschale.

Dämpfen Sie den Amaranthpudding bei 100 °C für 35 Minuten. Lassen Sie ihn danach noch ca. 5 Minuten in den Formen außerhalb des Dampfgarers ruhen. Lösen Sie den Pudding dann vorsichtig mit einem Messer und stürzen Sie ihn auf die vorbereiteten Teller.

Legen Sie den Spinat locker in eine gelochte Garschale und würzen Sie ihn mit wenig Salz und etwas Muskat.
Geben Sie die Kabeljaustücke für Ihr Kind und diejenigen aus der Marinade auf den Spinat, streuen Sie die Mandelblätter darüber.

Tipp:
Den Amaranthpudding können Sie auch mit etwas Zucker und Zimt als Süßspeise zubereiten und mit einem Beerenragout als Nachspeise servieren.

Geben Sie den Fisch mit dem Spinat 30 Minuten nach Garbeginn des Puddings in den Dampfgarer.
Garen Sie den Fisch dann noch weitere 5 Minuten während der Pudding bereits außerhalb ruht. Der Fisch wird in Summe 10 Minuten gegart.

Familientisch
Für ältere Kinder und Erwachsene können Sie die Fischfilets in einer Marinade 30 Minuten lang ziehen lassen. Bereiten Sie diese aus 2 EL Sojasauce, 1/4 TL gemahlenen Koriandersamen und einem ca. 1 cm großen Stück Ingwer zu.

NOTIZEN

Forellenfilet auf buntem Gemüse

Menge für 2 Kinder und 2 Erwachsene

3 – 4	**Forellenfilets,** ca. 450 g
	etwas Salz
1	**Zitronengras**
200 g	**Brokkoliröschen**
2	**Karotten (Möhren)**
1	**Gelbe Rübe**

Waschen Sie die Forellenfilets, tupfen Sie diese mit Küchenkrepp trocken und salzen Sie sie etwas.

Waschen und putzen Sie den Brokkoli und zerteilen Sie ihn in kleine Röschen. Putzen Sie die Karotten (Möhren) und die Gelbe Rübe und schneiden Sie sie in ca. 0,5 cm dicke Scheiben.

Legen Sie den Brokkoli in eine gelochte Garschale und dämpfen Sie ihn bei 100 °C vorerst 3 Minuten. Fügen Sie dann die Karotten und Gelben Rüben dazu und dämpfen Sie das Gemüse zusammen weitere 3 Minuten.
Scheiden Sie das Zitronengras in feine Scheiben und legen Sie anschließend die mit Zitronengras bestreuten Fischfilets auf das Gemüse.
Dämpfen Sie alles bei 85 °C nochmals 7 Minuten. Die benötigte Zeit richtet sich nach der Stärke des Fisches. Dickere Stücke brauchen vielleicht etwas länger, dünnere Stücke etwas kürzer.
Sie können das Gemüse vor dem Servieren je nach Geschmack noch etwas salzen.

Dazu passt nach dem Grundrezept von Seite 44 zubereiteter und mit gehackten Kräutern der Saison verfeinerter (Vollkorn)reis.

Info:
Wer einen Kaffirlimettenbaum besitzt, kann statt Zitronengras auch feingeschnittene Limettenblätter nehmen. Das ergibt einen wunderbaren zitronigen Geschmack.

Alternativ lassen sich auch Zitronenmelissenblätter oder Zitronenverbene (hier im Bild) verwenden.
Sie werden jedoch nicht mitgedämpft, sondern vor dem Servieren auf den noch warmen Forellen verteilt.

NOTIZEN

_____

_____

_____

_____

_____

_____

_____

_____

_____

_____

_____

VEGETARISCHES

Hokkaido mit Rahm und Petersilie

Menge für 2 Kinder und 2 Erwachsene

1	Hokkaidokürbis
	(ca. 500 – 750 g)
1	Knoblauchzehe
125 g	Sauerrahm (Saure Sahne)
1/2 TL	Paprikapulver
	etwas Salz
1 TL	(Vollkorn)mehl
1	Bund Petersilie

Der Hokkaido (siehe Infokasten) kann mit der Schale verwendet werden. Schneiden Sie den Kürbis in Viertel und entfernen Sie die Kerne und die Enden. Raspeln Sie die Kürbisstücke mit der Küchenmaschine oder der Handraspel grob und legen Sie die Kürbisstreifen in eine gelochte Garschale.
Dämpfen Sie den Kürbis bei 100 °C im Dampfgarer 5 Minuten lang.

Schälen Sie in der Zwischenzeit die Knoblauchzehe und schneiden Sie sie fein oder pressen Sie sie mit einer Knoblauchpresse.
Rühren Sie anschließend den Sauerrahm (die Saure Sahne) mit Paprikapulver, Salz, Mehl und Knoblauch glatt. Legen Sie das Kürbisgemüse nun in eine ungelochte Garschale und rühren Sie den Sauerrahm mit den Gewürzen unter. Dämpfen Sie alles bei 100 °C weitere 2 Minuten.
Waschen Sie inzwischen die Petersilie und hacken Sie die Blätter fein. Geben Sie vor dem Servieren die Petersilie unter das Gemüse.

Dazu passen nach dem Grundrezept von Seite 54 zubereitete Erdäpfel (Kartoffeln).

Variation

Sie können auch Sommerkürbis für dieses Rezept verwenden. Sein Fruchtfleisch ist weißlich bis ganz leicht hellgrün. Er ist meist der erste Kürbis, der auf den Markt kommt.
Wenn die Schale so zart wie die von Zucchini ist, können Sie sie verwenden, sonst ist es wichtig, den Kürbis dünn zu schälen.

Info:
Der Hokkaido-Kürbis verliert beim Garen Wasser, deshalb wird er zuerst in einen gelochten Behälter gegeben. Sie können ihn natürlich auch in einer ungelochten Garschale dämpfen und das austretende Wasser mitverwenden.

NOTIZEN

Gefüllte Paprika mit Bulgur und Gemüse

Menge für 2 Kinder und 2 Erwachsene
vorbereitbar

4	**Paprika,** rot oder gelb
60 g	**Bulgur**
120 ml	**Wasser**
	etwas Salz
1/2	**Bund Petersilie**
1/2	**Bund Minzeblätter**
100 g	**Mais,** TK
1 EL	**Zitronensaft**
5	**Paradeiser (Tomaten),** mittelgroß
	etwas Salz
	etwas Pfeffer

Rechnen Sie für jedes Kind eine halbe Paprikaschote. Bei älteren Kindern können Sie noch 2 Paprikaschoten dazugeben und die Menge der Zutaten für die Füllung entsprechend erhöhen. Waschen Sie die Paprika und schneiden Sie die Deckel ab.
Entfernen Sie den Stiel und schneiden Sie die verbleibenden Paprikadeckel kleinwürfelig.
Geben Sie den Bulgur und das Wasser mit etwas Salz in eine ungelochte Garschale und dämpfen Sie alles bei 100 °C im Dampfgarer 20 Minuten lang.

Waschen Sie die Petersilie und die Minze (z. B. Grüne Minze, Nudelminze) und hacken Sie beide fein. Geben Sie die Kräuter, die Paprikawürfel, den Mais und den Zitronensaft zum gedämpften Bulgur und füllen Sie die Masse in die 4 Paprikaschoten. Waschen Sie die Paradeiser (Tomaten) und entfernen Sie den Strunk. Schneiden Sie die Paradeiser grobwürfelig, salzen und pfeffern Sie sie etwas und legen Sie sie dann in eine ungelochte Garschale.
Setzen Sie die Paprika anschließend darauf und dämpfen Sie alles bei 100 °C im Dampfgarer 15 Minuten lang.

Zerdrücken Sie nach dem Dämpfen die Paradeiser noch etwas mit einer Gabel und servieren Sie die Paprika in einem Kranz aus den zerdrückten Tomaten.

Familientisch
Natürlich können Sie die Masse für Erwachsene oder ältere Kinder auch noch mit etwas schärferen Gewürzen (z. B. Ras el Hanout oder Harissa) abschmecken.

NOTIZEN

Wantans mit Erdäpfeln und Erbsen

Menge für 20 Stück
aufwändiger
etwas Besonderes

200 g	**Weizenmehl**
2	**Eier**
1 TL	**Kräuter** der Saison, gehackt
	etwas Salz
2 EL	**Wasser**
	Pflanzenöl, für die Form
100 g	**Erdäpfel (Kartoffeln),** mehlig
100 g	**Erbsen,** TK
	etwas Salz
	etwas Muskat

Kneten Sie alle Zutaten für den Teig inklusive der Kräuter (z. B. der Petersilie oder des Thymians) mit den Knethaken der Küchenmaschine oder des Handmixers zu einem geschmeidigen Teig. Bestreichen Sie ihn mit etwas Öl und lassen Sie ihn mindestens 30 Minuten rasten.

In der Zwischenzeit dämpfen Sie die Erdäpfel (Kartoffeln) mit der Schale nach dem Grundrezept von Seite 54. Schälen Sie sie und zerdrücken Sie sie mit einer Gabel. Geben Sie die Erbsen, etwas Salz und Muskat dazu.

Teilen Sie den Teig in 4 Stücke. Rollen Sie diese mit einem Nudelwalker (Nudelholz) sehr dünn aus.

Schneiden Sie daraus 7 x 7 cm große Quadrate. Füllen Sie jedes Teigstück mit 1 EL Kartoffel-Erbsenmasse.

Drehen Sie die Enden des Teigstückes oben zusammen und setzen Sie das Wantan in eine befettete und gelochte Garschale. Dämpfen Sie die Wantans bei 100 °C im Dampfgarer 12 Minuten.

Dazu passt Roter-Rüben-Salat (Rote-Beete-Salat) oder Krautsalat.

Variation

Statt der Kartoffeln können Sie auch Faschiertes (Gehacktes) verwenden, das vorher abgebraten und kräftig mit Peffersauce, Salz und Kräutern gewürzt wird.

Eine zweite Variation kann mit Topfen (Quark) und Käseresten gefüllt werden. Oder mit Topfen, etwas Salz und gehackten Kräutern (z. B. Minze oder Petersilie).

Die Wantans eignen sich nicht nur als Hauptspeise, sondern auch als Suppeneinlage.

Tipp:
Variieren Sie die Formen! Stechen Sie zur Abwechslung ca. 7 cm große Kreise aus und klappen Sie sie nach dem Füllen in der Mitte zusammen. Drücken Sie vor dem Dämpfen die Ränder fest aneinander.

NOTIZEN

Emmer-Risotto mit Kürbisgemüse

Menge für 2 Kinder und 2 Erwachsene

300 g	**Emmerreis**
1/2 l	**Wasser**
	etwas Salz
500 g	**Kürbis** (Langer von Neapel oder Muskatkürbis)
30 g	**Parmesan,** gerieben

Waschen Sie den Emmer und geben Sie ihn mit dem Wasser und etwas Salz in eine ungelochte Garschale.
Dämpfen Sie den Emmer bei 100 °C im Dampfgarer 30 Minuten lang.

Schälen Sie den Kürbis und schneiden Sie ihn in ca. 1 cm große Stücke. Geben Sie den Kürbis zum Emmer und dämpfen Sie beides anschließend weitere 15 Minuten.
Sollte noch zu viel Flüssigkeit vorhanden sein, lassen Sie das Risotto danach noch 5 Minuten ohne Hitzezufuhr ziehen.
Rühren Sie vor dem Servieren den Parmesan unter.

Variation
Natürlich können Sie jedes Gemüse für dieses Risotto verwenden. Das Emmerrisotto schmeckt besonders gut mit Spargelstücken, Pilzen, Karotten, Fenchel oder Erbsen.

Im Winter können Sie auch in Öl eingelegte, getrocknete Tomaten und Kräuter statt des frischen Gemüses verwenden.

Familientisch
Servieren Sie das Risotto für Erwachsene zusätzlich mit Ruccola bestreut. Waschen Sie dazu ca. 30 g Ruccola, schneiden Sie ihn grob und streuen Sie ihn darüber.

NOTIZEN

_____

_____

_____

_____

_____

_____

_____

_____

_____

_____

SÜSSES

Milchreis

Menge für 2 Kinder und 2 Erwachsene
für Kinderköche geeignet
ein Klassiker

250 g	**Rundkornreis** oder Risottoreis
3/4 l	**Milch**
	Mark einer Vanilleschote
	etwas Zitronengras, fein geschnitten
	etwas Zitronenverbene (evtl.)

Waschen Sie den Rundkornreis (Risottoreis) und geben Sie ihn in eine ungelochte Garschale. Fügen Sie die Milch, das Mark einer Vanilleschote und etwas Zitronengras hinzu.
Dämpfen Sie alles bei 100 °C im Dampfgarer 40 Minuten lang. Falls noch zu viel Flüssigkeit im Reis ist, lassen Sie ihn kurz ziehen, er wird fester.

Zum Schluss können Sie noch gehackte Zitronenverbene darüberstreuen.
Servieren Sie den Milchreis, z. B. zu Apfelkompott, bestreut mit Zimt.

Variation
Statt des Rundkornreises können Sie auch süßen Reis verwenden. Er dämpft allerdings 45 Minuten lang und ist in der Menge nicht ganz so ergiebig.

Versuchen Sie auch einmal etwas gemahlenen Mohn mit dem Milchreis mitzukochen oder probieren Sie unseren „Orangenreis" aus dem Buch „Pfiffige Rezepte für kleine und große Leute", ☞ „Unsere Bücher" Seite 110, im Dampfgarer.

NOTIZEN

Kaiserschmarrn

Menge für 2 Kinder und 2 Erwachsene
ein Klassiker

3	Eier
200 g	Weizen(vollkorn)mehl
1/4 l	Milch
1/8 l	Mineralwasser
1 EL	Zucker
	etwas Salz
2 EL	Rosinen (evtl.)
	Backpapier, für die Form
2 EL	Butter oder Öl, zum Braten

Trennen Sie die Eier in Dotter (Eigelb) und Klar (Eiweiß). Bereiten Sie aus Mehl, Dotter, Milch, Wasser, Zucker und Salz mit den Rührhaken der Küchenmaschine oder des Handmixers einen geschmeidigen Teig.

Schlagen Sie das Eiklar (Eiweiß) zu Schnee und heben Sie ihn vorsichtig unter. Wer mag, kann natürlich auch noch ein paar Rosinen dazugeben.

Legen Sie eine ungelochte Garschale mit Backpapier aus und verteilen Sie die Masse darauf. Dämpfen Sie diese bei 90 °C im Dampfgarer 25 Minuten lang.

Der Kaiserschmarrn wird so besonders flaumig und kann auch, wenn Kinder unterschiedlich spät aus Kindergarten oder Schule heimkommen, wie folgt, weiterverarbeitet werden.

Teilen Sie den Kaiserschmarrn in 2 Hälften und braten Sie jede davon in 1 EL Butter (oder Öl) von beiden Seiten braun. Zerreißen Sie danach den Schmarrn mit 2 Gabeln in kleine Stücke. Servieren Sie dazu klassisch Zwetschkenröster (Pflaumenkompott).

Variation
Im Sommer können Sie frische Kräuter in den Teig geben, z. B. gehackte Erdbeerminze, Zitronenmelisse oder Zitronenverbene.

Mengenangaben:
Wenn Sie vorher eine Gemüsesuppe servieren und dann den Kaiserschmarrn mit Zwetschkenröster, ist die angegebene Menge für 2 Erwachsene und 2 Kinder ausreichend.
Wenn Sie die Menge jedoch als Hauptmahlzeit rechnen, reicht die Kaiserschmarrnmenge nur für 2 größere Kinder oder für 2 Erwachsene.

NOTIZEN

Germknödel mit Powidlfülle (Pflaumenmus)

Menge für 10 Knödel
ein Klassiker
vorbereitbar

500 g	Mehl
	etwas Salz
2 TL	Trockengerm (Trockenhefe)
2 EL	Vanillezucker
3 EL	Rapsöl
2	Eier
1/4 l	Milch
10 EL	Powidl (Pflaumenmus), ca. 100 g
	Pflanzenöl, für die Form
50 g	**Butter,** zerlassen
3 EL	**Mohn,** gerieben
1 EL	**Staubzucker (Puderzucker)**

Geben Sie Mehl, Salz, Trockengerm (Trockenhefe), Vanillezucker, Rapsöl und Eier in eine Schüssel. Erwärmen Sie die Milch lauwarm und geben Sie diese dazu.
Kneten Sie mit der Küchenmaschine oder den Knethaken des Handmixers den Teig so lange, bis er sich vom Schüsselrand löst und Blasen wirft.
Lassen Sie den Teig zugedeckt an einem warmen Ort mindestens 30 Minuten rasten.

Kneten Sie den Teig danach mit den Händen nochmals durch und teilen Sie ihn in 10 gleich große Stücke.
Legen Sie ein Teigstück in Ihre Handfläche und drücken Sie es etwas flach. Geben Sie dann jeweils 1 EL Powidl (Pflaumenmus) in die Mitte und formen Sie einen Knödel.

Setzen Sie ihn mit der Naht nach unten in eine gefettete, gelochte Garschale. Lassen Sie die Knödel nochmals 15 Minuten rasten und dämpfen Sie diese dann bei 100 °C für 8 Minuten. Servieren Sie die Knödel mit zerlassener Butter und einer Mischung aus geriebenem Mohn und Zucker.

Variation
Sie können die Germknödel natürlich auch mit jeder anderen Marmelade (Konfitüre) füllen.
Eine energiereiche Variante ist eine Fülle mit 1 TL Haselnusscreme oder 1 TL Schokocreme pro Knödel.

NOTIZEN

_____

_____

_____

_____

_____

_____

_____

_____

_____

_____

_____

Zwiebackknödel mit Maroni-Apfelkompott

Menge für 8 Knödel

100 g	Weizen(vollkorn)grieß
1 EL	Butter
	etwas Zimt
1/4 l	Milch
100 g	Zwieback
3	Eier
	Pflanzenöl, für die Form

100 g	Maroni (Esskastanien)
4	**Äpfel,** mittelgroß

Geben Sie den Grieß mit der Butter, dem Zimt und der Milch in eine ungelochte Garschale und dämpfen Sie alles bei 100 °C im Dampfgarer 12 Minuten lang. Lockern Sie den Grieß dann gut mit einer Gabel auf.

In der Zwischenzeit geben Sie den Zwieback in einen großen, sauberen Gefrierbeutel (eine Tüte). Verschließen Sie das Ende locker, damit noch Luft entweichen kann. Walzen Sie den Zwieback mit einem Nudelwalker (Nudelholz) zu feinen Bröseln (zu Paniermehl).

Geben Sie den zerkleinerten Zwieback mit den Eiern zum Grieß und vermengen Sie alles zu einem geschmeidigen Teig.

Formen Sie daraus 8 Knödel und setzen Sie diese in eine gefettete und gelochte Garschale.

Dämpfen Sie die Zwiebackknödel bei 100 °C im Dampfgarer 20 Minuten lang und servieren Sie sie mit folgendem Maroni-Apfelkompott.

Bereiten Sie die Maroni nach dem Grundrezept von Seite 60 zu. Verarbeiten Sie 4 Äpfel nach dem Grundrezept von Seite 66 zu Apfelkompott. Hacken Sie die Maroni fein und mengen Sie diese unter das Apfelkompott.

Variation

Wenn Sie den Zimt weglassen, eignen sich die Knödel auch gut als Beilage zu pikanten Gerichten.

Tipp: So sparen Sie Zeit!
Sie können das „Kettenkochen" erproben, indem Sie ein paar kleine pikante Knödelchen (ohne Zimt) als Suppeneinlage zubereiten.
Diese lassen sich ähnlich wie unsere Grießnockerl („Pfiffige Rezepte für kleine und große Leute" ☞ „Unsere Bücher" Seite 110) verwenden.

NOTIZEN

REZEPTREGISTER

MERKMALE

auf Vorrat – 28, 38, 40, 68
aufwändiger – 80, 88
ein Klassiker – 50, 56, 72, 74, 92, 94, 96
etwas Besonderes – 34, 58, 70, 88
für Babys geeignet – 24, 26, 36, 42, 44,
46, 48, 52, 54, 60, 62, 64, 66
für Kinderköche geeignet – 38, 40, 92
kalorienreduziert – 30, 70
vielseitig & rasch – 76
vorbereitbar – 42, 50, 60, 62, 64, 66, 68,
72, 86, 96

ABKÜRZUNGEN

EL	Esslöffel
g	Gramm
IBCLC	International Board of Lactation Consultant (Stillberaterin)
kg	Kilogramm
l, ml	Liter, Milliliter
TK	Tiefkühlware
TL	Teelöffel

ADRESSVERZEICHNIS

Biologische Lebensmittel – Information (z. B. Saisonkalender) und Anbieter

Deutschland
Bioland e.V.
Kaiserstraße 18, D-55116 Mainz
Tel.: (+49 6131) 239 79-0
Fax: (+49 6131) 239 79-27
E-Mail: info@bioland.de
Internet: www.bioland.de

Weitere Informationen finden
Sie unter:
www.naturkost.de und
www.was-wir-essen.de

Österreich
Bundesministerium für Land-
und Forstwirtschaft, Umwelt und
Wasserwirtschaft (BMLFUW)
Stubenring 1, A-1012 Wien
Tel.: (+43 1) 711 00-0
Fax: (+43 1) 711 00-2140
Internet: http://bioshopping.lebens-
ministerium.at

Verband österreichischer
Umweltberatungsstellen
Mariahilfer Straße 196/4/11
A-1150 Wien
Tel.: (+43 1) 877 60 99
Fax: (+43 1) 877 60 99-13
oesterreich@umweltberatung.at
Internet: www.umweltberatung.at

Weitere Informationen finden
Sie unter:
www.bioinfo.at

Schweiz
Bio Suisse
Margarethenstrasse 87, CH-4053 Basel
Tel.: (+41 61) 385 96 10
Fax: (+41 61) 385 96 11
E-Mail: bio@bio-suisse.ch
Internet: www.bio-suisse.ch

Verein bionetz.ch
Bärenplatz 2, CH-3011 Bern
E-Mail: info@bionetz.ch
Internet: www.bionetz.ch

Südtirol
Bioland Verband Südtirol
Steindlweg 48, I-39018 Terlan
Tel.: (+39 471) 25 69 77
Fax: (+39 471) 25 60 62
E-Mail: bioland@bioland-suedtirol.it
Internet: www.bioland-suedtirol.it

STICHWORTVERZEICHNIS

Gesund lebt man.
Geschmack will man.
Miele hat man.

Die Zeit für die wesentlichen Dinge im Leben
ist oft begrenzt. Deshalb hat Miele die perfekte
Technik in edlem Design entwickelt. Entdecken
Sie die Vielfalt der Miele Einbaugeräte für ein
modernes Leben: z. B. den Miele Dampfgarer,
mit dem ein komplettes Menü gelingt – ganz
automatisch.

Nähere Informationen unter 050 800 800

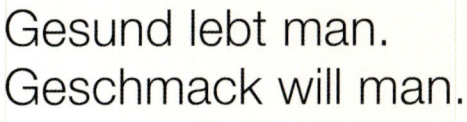

Miele

Verlässlichkeit für viele Jahre

www.miele.at

DIE KLASSIKER FÜR MUTTER UND BABY

Der Ernährungsratgeber spannt den Bogen von der Ernährung der Frau im Allgemeinen, über Maßnahmen bei Kinderwunsch, bis hin zur **Ernährung in Schwangerschaft und Stillzeit.**

Sie finden Information zur Nahrungsaufnahme im monatlichen Zyklusverlauf, zu **Pluspunkten und Tabus** in Schwangerschaft und Stillzeit, zur Ernährung vor, während und nach der Geburt und zu **Babyblues, Milchbildung, Blähungen & Co.**

136 Seiten, 4 Abb. in Farbe
1. Auflage 2006
€ 16,50 (D, A) / CHF 23,90

Der Klassiker zur **Ernährung im 1. Lebensjahr** bietet Ihnen wertvolle Hinweise zu **Stillen, Flaschennahrungen, Beikostbeginn** und zum Thema **Allergieprävention.**

Darüber hinaus enthält er noch einen stufenweisen **Gläschenplan extra mit auf dem Markt befindlichen Gläschen** für Österreich, Deutschland und die Schweiz.

192 + 32 Seiten, 25 Abb. in Farbe
6. Auflage 2010
€ 23,90 (D, A) / CHF 34,90

Näheres: www.hanreich-verlag.at

BEIKOST UND UMSTIEG ZUR FAMILIENKOST

Unser Praxisbuch zum **Kochen der Beikost** gibt einfache Anleitung zur Zubereitung erster Babybreie und der Babymenüs **für den Familientisch. Der Beikostfahrplan mit Rezepten** unterstützt Sie beim stufenweisen Aufbau des Speiseplans vom **7. bis 13. Monat** Mahlzeit für Mahlzeit.

In unserem Baby-Rezeptbuch erhalten Sie viele **wertvolle Tipps** zum Selberkochen und Hilfe bei der Zusammenstellung der ersten Breie.

176 Seiten, 85 Abb. in Farbe
6. Auflage 2010
€ 19,90 (D, A) / CHF 28,90

Unser Ernährungsleitfaden für Kinder von **1 bis 6 Jahren** spannt den Bogen von Fastfood bis Smoothies. Er bietet **praxisnahe Portionsberechnung „in Kinderhandvoll"** für alle Lebensmittelgruppen.

In unserem Ratgeber über die **Ernährung von Klein- und Vorschulkindern** erhalten Sie Antworten auf zahlreiche, häufig gestellte Elternfragen.

160 Seiten, 18 Abb. in Farbe
5. Auflage 2010
€ 19,90 (D, A) / CHF 28,90

Näheres: www.hanreich-verlag.at

GENUSSVOLLE FAMILIENKÜCHE!

Das Praxisbuch für junge Familien mit einfach zubereitbaren, pfiffigen Rezepten und wichtigen **Tipps für Einkauf, Lagerung und Verarbeitung** von Lebensmitteln.

Mit unserer Hilfe gelingt Ihnen die **rasche Zubereitung** von 76 einfachen, kindgerechten und schmackhaften Gerichten. Traditionelle Rezepte sind ernährungswissenchaftlich optimiert. Kochneulinge und Profis schätzen die Vielfalt an Variationen.

192 Seiten, 80 Abb. in Farbe
4. Auflage 2011
€ 19,90 (D, A) / CHF 28,90

Unser Rezeptbuch für die leckere und gesunde Zwischenmahlzeit eignet sich nicht nur für die **Pause in der Schule,** sondern auch für **Kindergarten und Arbeitsplatz.**

Rasch und einfach werden köstliche Rezepte erklärt und Tipps zur Zubereitung (z. B. zum Kettenkochen) gegeben. Weiters erfahren Sie, **was Schulkinder, z. B. an Brainfood, brauchen**.

176 Seiten, 73 Abb. in Farbe
2. Auflage 2011
€ 19,90 (D, A) / CHF 28,90

Näheres: www.hanreich-verlag.at

Mag. Ingeborg Hanreich, IBCLC
Ernährungswissenschafterin und Stillberaterin

Dipl. oec.troph. Dipl. Päd. Britta Macho
Ernährungswissenschafterin und Diplompädagogin

Mag. Ingeborg Hanreich hat 1991 das Studium der Ernährungswissenschaften an der Universität Wien abgeschlossen. Sie ist seit 2003 Stillberaterin IBCLC.

Als freiberuflich tätige Expertin widmet sie sich vor allem dem Bereich „Ernährung von Mutter und Kind".

Sie hält Seminare und Vorträge für Eltern, ElternberaterInnen, Hebammen, Säuglingsschwestern und ApothekerInnen.

Frau Mag. Hanreich war Gründungspräsidentin des Verbandes der Ernährungswissenschafter Österreichs und gründete im Jahr 1994 ihren Verlag.

Seit Herbst 2008 ist sie Lektorin an drei Fachhochschulen für Hebammen.

Seit Beginn des Jahres 2010 betreut sie die (kostenpflichtige) Ernährungshotline für Mutter und Kind unter der Nummer (0900) 34 01 01.

Dipl. oec.troph. Britta Macho hat 1983 das Studium der Ernährung und Hauswirtschaft an der Fachhochschule Niederrhein und 1987 an der Berufspädagogischen Akademie des Bundes in Wien das Lehramt für den ernährungswirtschaftlichen und haushaltsökonomischen Fachunterricht abgeschlossen.

Seit Langem arbeitet sie als Ernährungswissenschafterin freiberuflich, ab 2006 im eigenen Unternehmen *ernährung e3 Macho & Reiselhuber OG* (www.e-drei.at).

Als Mutter zweier Kinder erprobt sie laufend Rezepte und zahlreiche Tipps und Tricks sowie die praktische Umsetzbarkeit von Empfehlungen der Bücher des Verlages I. Hanreich.

Aus ihrer Feder stammen zahlreiche Rezepte der Hanreich-Bücher.

Liebe Leserinnen und Leser!

Wir freuen uns sehr, wenn wir Ihnen mit unserem Rezeptbuch über dampfgegarte Familienkost einige Ideen für den Familientisch liefern konnten. **Verständnisfragen** zu den Rezepten oder zum Inhalt dieses Buches können Sie gerne direkt an den Verlag richten:

Verlag • Beratung • Information
Mag. Ingeborg Hanreich, IBCLC
Esterhazygasse 7/2, A-1060 Wien
Tel.: (+43 1) 504 28 29-1
Fax: (+43 1) 504 28 29-4
E-mail: office@hanreich-verlag.at
Internet: www.hanreich-verlag.at

Anregungen und Kritik von Ihrer Seite sind uns ebenfalls gerne willkommen. Unsere Bücher sind schon dank mancher Rückmeldung verbessert und erweitert worden.
Deshalb zögern Sie nicht – rufen Sie an, mailen oder schreiben Sie uns!

Bei Fragen, die die individuelle Situation Ihres Kindes betreffen, nimmt sich Frau Mag. Hanreich gerne telefonisch, per Skype oder im persönlichen Gespräch für Sie Zeit.
Sie berät zum Thema Ernährung im Schul- und Kleinkindalter, aber auch zur Ernährung in Schwangerschaft und Stillzeit, zum Stillen, zur Flaschenkost und zur Beikost. Auch zum Thema Allergieprävention und zu speziellem Essverhalten werden häufig Fragen von Eltern und Elternberatenden gestellt.

In Österreich beantwortet **Frau Mag. Hanreich** Ihre Fragen an der „Ernährungshotline für Mutter und Kind" unter der Rufnummer **(0900) 34 01 01** um € 0,88/Min. (aus dem österr. Festnetz).

Aus dem In- und Ausland sind wir per Skype erreichbar. Sie können telefonisch oder per E-Mail einen Termin unter **beratung@kinderkost.com** reservieren.
Wenn Sie im Raum Wien zu Hause sind und **einen persönlichen Beratungstermin** vereinbaren wollen, können Sie dies mit Frau Mag. Hanreich, IBCLC gerne unter der Telefonnummer (01) 504 28 29-1 tun.

Termine für **Seminare, Workshops, Vorträge und Mütterrunden** fixieren Sie ebenfalls unter (+43 1) 504 28 29-1 mit Frau Mag. Ingeborg Hanreich.

Näheres hierzu und zu den Produkten unseres Verlages finden Sie auf der Webseite **www.hanreich-verlag.at**.